BLUE BOOK OF
DIGITAL TRADE INDEX OF CITIES
IN CHINA (2024)

2024年
中国城市数字贸易指数
蓝皮书

邱玉琢 等 编著

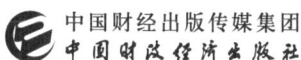

中国财经出版传媒集团
中国财政经济出版社
·北京·

图书在版编目（CIP）数据

2024年中国城市数字贸易指数蓝皮书 / 邱玉琢等编著. -- 北京：中国财政经济出版社, 2025. 7. -- ISBN 978-7-5223-3953-5

Ⅰ. F724.6

中国国家版本馆CIP数据核字第2025D92D30号

责任编辑：贾延平　　　　　责任校对：胡永立
封面设计：陈宇琰　　　　　责任印制：党　辉

2024 年中国城市数字贸易指数蓝皮书
2024 NIAN ZHONGGUO CHENGSHI SHUZI MAOYI ZHISHU LANPISHU

中国财政经济出版社 出版

URL：http://www.cfeph.cn

E-mail：cfeph@cfeph.cn

（版权所有　翻印必究）

社址：北京市海淀区阜成路甲28号　邮政编码：100142
营销中心电话：010-88191522　编辑部电话：010-88190957
天猫网店：中国财政经济出版社旗舰店
网址：https://zgczjjcbs.tmall.com
涿州汇美亿浓印刷有限公司印刷　各地新华书店经销
成品尺寸：170mm×240mm　16 开　14.75 印张　200 000 字
2025 年 7 月第 1 版　2025 年 7 月河北第 1 次印刷
定价：72.00 元
ISBN 978-7-5223-3953-5
（图书出现印装问题，本社负责调换，电话：010-88190548）
本社质量投诉电话：010-88190744
打击盗版举报热线：010-88191661　QQ：2242791300

国家社会科学基金重大项目，编号 24&ZD098，气候风险应对与绿色生产力提升协同推进的实现路径和政策支持研究

江苏省社会科学基金重点项目，编号 23GLA001，提升江苏装备制造业供应链韧性的基础理论与政策优化研究

序

　　数字经济蓬勃发展，数字贸易作为一种新型贸易方式，正重塑着城市经济发展的格局。《2024年中国城市数字贸易指数蓝皮书》为我们提供了一个全面审视城市数字贸易发展的契机，而计划单列市和省会级城市作为区域经济的中心城市，在数字贸易领域的发展更具代表性和战略意义。

　　目前，数字贸易已成为城市竞争力的关键要素。本书聚焦城市数字贸易指数，通过城市涵盖的贸易数字化基础、贸易数字化应用、数字贸易规模及数字政务环境等综合指标体系，依据量化模型全面衡量了城市数字贸易发展水平。从互联网普及率、企业拥有域名数量、企业网站数、互联网宽带数、电子商务示范区等到贸易数字化基础，从数字游戏、数字广告、数字文旅、数字会展等到数字贸易规模，从政府公开信息总条数、政府微博传播力、政府微博服务力到政府数字政务环境，多维度勾勒出我国城市数字贸易发展的全景。

　　通过对全国计划单列市和省会级城市数字贸易指数的比较研究，我们发现中国城市数字贸易发展大体上可以分为三大阵营。第一阵营：北京、上海、深圳、成都和广州等城市在数字贸易综合指数上表现突出，明显领先全国其他城市。第二阵营：杭州、南京、宁波、武汉、青岛、郑州、西安、济南、苏州、重庆、长沙、昆明等城市在数字贸易综合指数上表现优异。第三阵营：合肥、沈阳、天津、厦门、福州、南昌、兰州、太原、石家庄、大连、哈尔滨、南宁、长春、贵阳、乌鲁木齐等城市在数字贸易综合指数表现上各有特点。这一研究成果为城市找准数字贸易发展方向、提升竞争力提供了参考。

贸易数字化应用是数字贸易指数的重要指标。其中，电子商务企业数量是衡量城市数字贸易活力的直接体现，众多的电商企业犹如繁星般照亮城市的数字贸易天空，它们的创新能力和市场拓展能力决定了城市在数字贸易领域的活跃度。电子商务示范区的建设情况反映了城市在政策引导、资源整合方面的能力，良好的示范区能够形成产业集聚效应，带动周边区域数字贸易协同发展。跨境电商的发展更是城市参与全球数字贸易竞争的前沿阵地，其发展态势体现了城市在国际市场中的数字贸易竞争力。注册的电子商务平台数量则进一步丰富了数字贸易的渠道和平台，为企业和消费者提供了更多的选择与机会。

数字贸易规模指标直观地展现了城市数字贸易的经济实力。数字游戏、数字文旅、数字广告、数字自贸区等新兴业态蓬勃发展，成为数字贸易的重要增长点。数字游戏以其独特的互动体验和创意内容，吸引着全球大量用户，为城市创造了可观的经济效益；数字文旅打破了地域限制，让游客能够提前沉浸式体验目的地的风光，带动旅游消费的数字化升级；数字广告精准触达目标受众，为企业营销提供了高效手段。数字贸易额和电子商务额更是直接反映了城市数字贸易的总体规模和市场活跃度，它们的增长态势见证着城市数字贸易的蓬勃发展。

数字政务环境指标也是城市数字贸易指数发展不容忽视的要

素。政府微博的传播能力、服务力与互动力，从侧面反映了政府在数字时代的治理水平和对数字贸易的支持力度。强大的传播能力能够及时传递政策信息、行业动态，为企业和从业者提供指引；优质的服务力体现在政务办理的便捷高效、政策扶持的精准到位等方面，为数字贸易发展营造了良好的政策环境；积极的互动力则促进了政府与企业、民众之间的沟通交流，有助于及时解决问题，推动数字贸易健康有序发展。

全国计划单列市和省会级城市数字贸易指数的研究成果意义重大，它不仅清晰地展现了城市数字贸易的现状，为各城市提供了一个横向对比的参照系，而且能帮助城市找准自身发展的优势与不足，明确各城市未来的发展方向。尽管量化分析的指标体系还不够完美，问题剖析还可以再深化，但是，通过深入分析数字贸易指数背后的数据与案例，也能够较好地把握城市数字贸易发展的脉搏，为提升城市竞争力提供有力参考。希望本书能成为各界人士了解城市数字贸易发展的重要窗口和深入探索数字贸易指数背后的城市发展密码，共同推动数字贸易在城市经济高质量发展方面发挥更大的作用。

荆林波

2025 年 2 月 28 日于北京

目 录

第一章　数字贸易趋势
- 第一节　全球数字贸易发展趋势　/ 2
- 第二节　中国数字贸易发展趋势　/ 13

第二章　数字文旅发展
- 第一节　数字文旅的概念和内涵　/ 24
- 第二节　数字文旅的发展现状　/ 26
- 第三节　数字游戏和数字文旅的融合　/ 33
- 第四节　数字文旅典型案例　/ 36

第三章　数字广告发展
- 第一节　数字广告的概念和内涵　/ 42
- 第二节　数字广告的发展现状　/ 49
- 第三节　互联网平台广告　/ 63
- 第四节　数字广告典型案例　/ 64

第四章　数据资产发展
- 第一节　数据资产的概念和内涵　/ 71
- 第二节　数据资产的发展现状　/ 72
- 第三节　数据资产评估　/ 74
- 第四节　数据资产交易　/ 78
- 第五节　数字资产保护的法规与政策　/ 85
- 第六节　数据资产交易典型案例　/ 97

第五章 数据跨境流动发展

第一节	数据跨境流动的概念和内涵	/ 101
第二节	数据跨境流动的发展现状	/ 102
第三节	数据跨境流动安全问题	/ 104
第四节	跨境数据流动监管的法规与政策	/ 109
第五节	数字贸易中的数据监管与治理	/ 118
第六节	数据跨境流动监管典型案例	/ 136

第六章 自贸区数字化发展

第一节	自贸区数字化发展现状	/ 142
第二节	国内自贸区数字化改造探索	/ 148
第三节	自贸区数字化改造的政策支持与保障	/ 154
第四节	自贸区数字化典型案例	/ 162

第七章 跨境电商发展

第一节	跨境电商发展现状	/ 170
第二节	跨境电商政策和研究热点变迁	/ 175
第三节	跨境电商实践优势	/ 180
第四节	跨境电商发展的挑战及对策	/ 187
第五节	跨境电商典型案例	/ 191

第八章 城市数字贸易指数分析

第一节	中国城市数字贸易综合指数测度方法	/ 196
第二节	中国城市数字贸易综合指数测度结果	/ 197
第三节	中国城市贸易数字化基础指数	/ 204
第四节	中国城市贸易数字化应用指数	/ 208
第五节	中国城市数字贸易规模指数	/ 212
第六节	中国城市数字政务环境指数	/ 215

后记 / 219

跋 / 221

第一章
数字贸易趋势

　　2020年国际货币基金组织（IMF）、经合组织（OECD）和世贸组织（WTO）发布的《数字贸易统计手册（第一版）》提出，数字贸易统计至少包括两个方面：数字订购贸易和数字交付贸易。其中，数字订购贸易强调数字贸易方式的数字化，即通过数字化手段完成交易，大致等同于跨境电子商务；数字交付贸易强调贸易对象的数字化，即可以通过数字化手段进行跨境交付。到目前为止，数字贸易统计的概念还没有形成统一定论，数字贸易的统计标准也未能形成一致意见。因此，根据以上国际机构关于数字贸易统计标准的主流观点，本章从贸易方式数字化和贸易对象数字化两个方面对全球及中国数字贸易的发展特征和趋势予以分析。

第一节 全球数字贸易发展趋势

一、全球各国高度重视数字贸易发展

随着大数据、人工智能、云计算和物联网等新一代科技革命和产业革命的加快推进，数字经济得到了蓬勃发展，逐步渗透至各个领域和行业。在数字经济的推动下，数字贸易应运而生，对贸易模式、贸易方式、贸易对象、贸易结构和贸易格局等产生了深远影响，成为国际贸易和世界经济增长的重要推动力量。数字贸易表现出的巨大潜力和发展韧性被世界各国所重视，各国纷纷采取积极措施发展数字贸易，并加强国际互动互联，推动本国数字贸易发展进程。全球主要国家关于数字贸易的国内国际政策及协定如表1-1所示。

表1-1 主要国家关于数字贸易的国内国际政策文件及协定

国家/地区	国内政策性文件	国际协定
美国	《美国和全球经济中的数字贸易》（2013） 数字贸易"十二条"（2015） "数字二十四条"（2016） 《数字贸易变革：美国劳动者和企业如何受益于数字贸易协议》（2022）	《美墨加协定》（2018） 《美日数字贸易协定》（2019） 《跨太平洋伙伴关系协定》（2021） 《2021年中国加入世贸组织承诺报告》（2021） 《2022年贸易政策议程和2021年度报告》（2022）

续表

国家/地区	国内政策性文件	国际协定
欧盟	《欧洲数字单一市场战略》（2015） 《通用数据保护条例》（2016） 《迈向数字贸易战略》（2017） 《数字服务法》和《数字市场法（草案）》（2020） 《数字市场法》和《数字服务法》（2022）	《欧盟—日本经济伙伴关系协定》（2019） 《欧盟—墨西哥贸易协定》（2020） 《欧盟—英国贸易与合作协定》（2021） 《数字贸易协定》（2024）
英国	《英国数字战略》（2017） 《英国数字贸易政策远景》（2020） 《数字贸易和数据》（2021） 《数据保护和数字信息法案》（2023）	《英国—日本全面经济伙伴关系协议》（2020） 《欧盟—英国贸易与合作协定》（2021） 《英国—新加坡数字经济协定》（2022） 《英国—乌克兰数字贸易协定》（2023）
日本	《通商白皮书》（2018） 《综合数据战略》（2021） 《数字田园都市国家构想综合战略》（2022）	《全面与进步跨太平洋伙伴关系协定》（2018） 《美日数字贸易协定》（2019） 《区域全面经济伙伴关系协议》（2020） 《英国—日本全面经济伙伴关系协议》（2020）

资料来源：《数字贸易发展与合作报告（2021）》。

（一）美国：优先发展数字贸易和制定新的贸易规则

美国是数字贸易最发达的国家，早在 2013 年，美国国际贸易委员会就发布了《美国和全球经济中的数字贸易报告》，并提出数字贸易的概念。2015 年，美国政府出台了数字贸易议程，即数字贸易"十二条"，2016 年又将"十二条"扩充为"数字二十四条"，内容包括跨境数据流动、非歧视原则、禁止数字关税、促进互联网免费开放等基本原则，明确提出将数字贸易作为对外贸易谈判的核心内容。随后，美国与墨西哥、加拿大等国签署《美墨加协定》《跨太平洋伙伴关系协定》等贸易协定，与日本签署双边数字贸易协定。美国在与 WTO、OECD、G7、G20 和中国等国际组织和国家的对话中力求主动，提出制定数字贸易规则。2021 年 2 月，美国贸易代表办公室发布《2021 年贸易政策议程》，明确提出要制定新的贸易规则。同一时间，美国贸易代表办公室发布《2021 年中国加入世贸组织承诺报告》，2022 年 3 月发布《2022 年贸易政策议程和 2021 年度报告》，指责中国对全球和美国贸易的危害，企图阻碍中国数字贸易发展进程，削弱中国数字贸易力量，掌握数字贸易规则主动权。

（二）欧盟：建设内部数字市场引领数字贸易发展

欧盟数字经济发展也处于世界领先地位。2015 年欧盟委员会发布《欧洲数字单一市场战略》，启动欧盟内部数字经济和数字贸易一体化进程，强调数字贸易发展的整体性和规则制定的一致性。2016 年，欧盟理事会和欧洲议会通过了《通用数据保护条例》，内容主要涉及跨境数据流动监管和规则制定。2017 年，欧洲议会通过了《迈向数字贸易战略》，强调推动欧盟数字贸易规则的制定。2020 年，欧盟委员会出台《数字服务法》和《数字市场法（草案）》，重点强调数字贸易发展将有法可依，积极推动数字贸易发展的安全性和开放性。2021 年，欧盟委员会在向欧盟理事会提交的贸易政策文件中提出，要确保欧盟在数字贸易发展和数字贸易技术中保持领先地位。在国际方面，欧盟积极对外寻求合作，在与加勒比地区国家、英国、印度尼西亚和新加坡等国家的贸易协定中加入了数字贸易和电子商务的相关章节，并在 WTO、OECD 等国际组织中积极寻求发挥数字贸易规则制定等的作用。

（三）英国：积极寻求建立广泛联系的数字贸易网络

英国脱欧之后，积极推动数字经济发展和转型，为实现世界一流的数字经济作出全面部署。2017年3月1日，英国政府发布《英国数字战略》，强调大力发展数字经济，内容涉及七个方面：打造世界级的数字基础设施；发展数字技能和包容性战略（为每个人提供所需的数字化技能）；大力推动数字经济创新发展；发展数字转型战略（帮助每家英国企业成为数字化企业）；发展网络空间战略（让英国拥有全世界最安全的网络空间）；发展数字政府战略（推动政府数字化转型，打造平台型政府，服务民众）；发展数据经济战略（释放英国经济中的数据潜力，提升公众对数据的信心）。2021年6月，英国下议院国际贸易委员会发布《数字贸易和数据》，强调英国数字贸易发展的目标是让英国成为全球数字贸易领先的国家，并借助数字贸易大力发展国内经济，带动就业。2022年7月，英国科技和数字经济部更新了《英国数字战略》，增加了"数字雇主的签证路线"，试图提升英国在数字标准治理领域的全球领导地位。2023年，英国议会提交了《数据保护和数字信息法案》，内容涉及消除国际贸易壁垒、减轻数据跨境义务等多个方面。在国际方面，英国积极寻求外界合作，与欧盟、日本等国家和地区签订了相关数字贸易协定，并寻求加入《全面与进步跨太平洋伙伴关系协定》。

（四）日本：依托区域贸易协定积极参与多边规则制定

2018年，日本经产省开始对数字贸易的影响和意义进行探讨，并积极参与区域协议的制定，相关内容记录在《通商白皮书》中。菅义伟就任首相以来，更是高度重视数字经济和数字贸易的发展，强调利用信息技术推动社会发展和改革。在国际方面，日本积极寻求与外界合作，与美国、欧盟、英国等签订了众多官方数字贸易协定，比如《G20大阪数字经济宣言》《全面与进步跨太平洋伙伴关系协定》《日美数字贸易协定》《区域全面经济伙伴关系协定》《日英全面经济伙伴关系协定》。此外，2018年日欧就互相认可数据保护的充分性达成一致，进一步提升了日欧之间数据流动的自由化和便利化水平。

二、全球数字服务贸易发展特征与趋势

贸易方式数字化和贸易对象数字化是数字贸易的两大特征。对此，本章从以上两个方面对全球数字贸易发展趋势展开描述，包括数字服务贸易和信息通信服务贸易发展趋势、数字服务贸易进出口趋势、主要国家数字贸易发展规模和增速、全球跨境电子商务发展特征等。

（一）全球可数字化服务贸易发展趋势

根据联合国贸易和发展会议数据库（UNCTAD）公开资料可知，全球可数字化服务贸易增长迅速，从2011年的40802亿美元增长至2023年的71300亿美元，如图1-1所示。虽然2019年末暴发了新冠疫情，但可数字化服务贸易也没有受到太大冲击，只有2020年的数值略有下降，然后又以较快的速度增加，在2021年达到60200亿美元。此外，可数字化服务贸易在整个服务贸易中几乎占据半壁江山，其中，2020年可数字化服务贸易占整个服务贸易的比重超过60%。图2-1显示，2011—2015年，可数字化服务贸易占比介于46%~50%；2016—2019年，这一比重始终围绕均值50%小幅波动；2019年之后，该比重迅速超过60%，之后几年该比重有所下降，但仍高于46%。目前，可数字化服务贸易表现出的强大生命力和韧性已成为经济和贸易增长的新引擎，这也是其能够蓬勃发展的主因。

（二）全球可数字化服务贸易规模增速

受地缘政治、地区冲突、局部战争、新冠疫情等多种因素的综合影响，全球可数字化服务贸易在波动中增长，如图1-2所示。从整体上看，除去个别年份，全球可数字化服务贸易的增长率大部分时间都远大于0，也就是说，全球可数字化服务贸易得到了强劲发展。其中，在2015年和2020年，这一增长率为负值，这可能跟2015年全球经济疲软以及2020年暴发疫情有关。但比较而言，可数字化服务贸易增长率波

第一章 数字贸易趋势

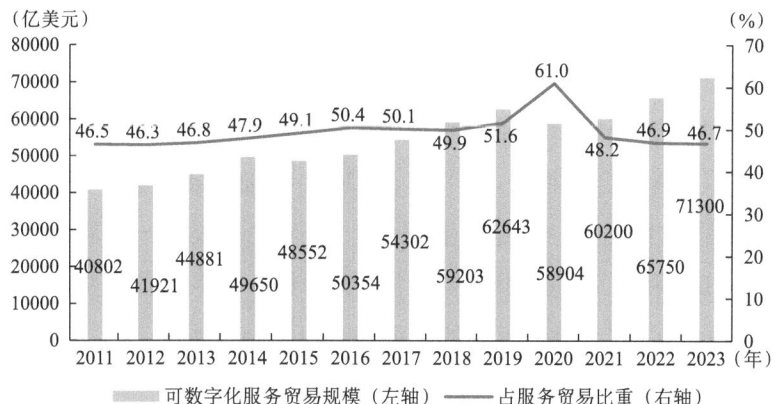

图 1-1 2011—2023 年全球可数字化服务贸易规模及比重

资料来源：根据 UNCTAD 公开资料整理。

动幅度小于服务贸易和货物贸易的增长率。

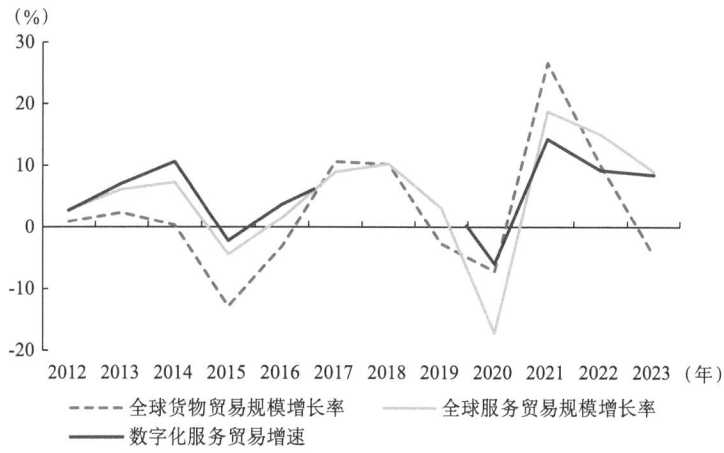

图 1-2 2012—2023 年全球服务贸易、货物贸易和数字化服务贸易增速

资料来源：根据 UNCTAD 的数据计算。

（三）数字服务贸易结构

图 1-3 和图 1-4 显示了 2022 年数字服务贸易细分行业比重及其变化趋势。对比两幅图可以发现，信息通信服务占数字服务贸易的比重

由2011年的16.80%上升至2020年的22.20%，占服务贸易的比重越来越大；知识产权服务的比重变化较小，仅下降0.70%；保险服务所占比重介于4.5%~5%，波动幅度有限；金融服务占比变化较大。根据《数字贸易发展与合作报告（2023）》，2022年细分数字服务贸易中，增长较快的是ICT服务、其他商业服务、个人文娱服务，分别同比增长6.1%、6.0%和5.9%。按照目前的发展趋势，信息通信服务仍有较大的发展空间，占数字服务贸易的比重仍有可能继续上升。

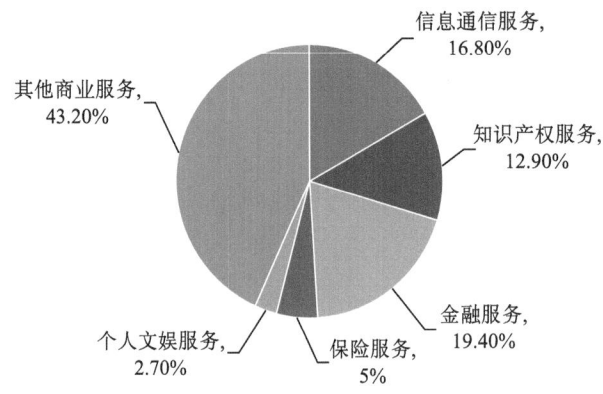

图1-3　2021年数字服务贸易结构

资料来源：《数字贸易发展与合作报告（2021）》。

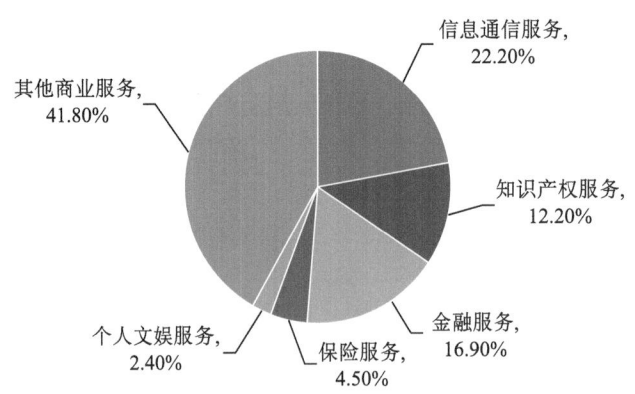

图1-4　2020年数字服务贸易结构

资料来源：《数字贸易发展与合作报告（2021）》。

(四) 主要经济体数字服务贸易规模

《中国数字贸易发展报告（2024）》表明，经济发达地区的数字服务贸易发展优势显著，按照数字化交付服务总出口额排名，前十大经济体分别是美国、英国、爱尔兰、印度、德国、中国、荷兰、新加坡、法国和卢森堡，这十大经济体数字化交付服务出口额占全球的比重超过65%。其中，八个发达经济体的数字贸易出口规模合计占十大经济体数字贸易总出口额的比重超过80%。就出口速度而言，印度年均增长率最高，为20.1%；其次是中国，年均增长率为16.1%，远高于发展规模排名第一的美国。可以预想，在未来一段时间里，印度和中国的数字服务贸易出口额可能会逐渐赶上并超过排名靠前的美国等发达经济体（见表1-2）。

表1-2　　2019—2023年全球前十大经济体数字化交付服务出口额

国别	2019年（亿美元）	2020年（亿美元）	2021年（亿美元）	2022年（亿美元）	2023年（亿美元）	年均增长率（%）	排名
美国	4711.8	5338.0	6024.0	6307.6	6492.6	8.3	1
英国	2743.6	3175.6	3803.7	3766.6	4380.9	12.4	2
爱尔兰	1693.2	2420.4	2951.8	2954.3	3280.9	18.0	3
印度	1235.4	1438.3	1731.2	2192.6	2571.2	20.1	4
德国	1825.8	2034.0	2464.8	2384.0	2476.5	7.9	5
中国	1139.8	1466.6	1850.8	1984.1	2070.1	16.1	6
荷兰	1642.4	1465.2	1604.7	1709.3	1936.4	4.2	7
新加坡	1074.0	1295.6	1563.4	1712.2	1818.8	14.1	8
法国	1284.9	1305.9	1507.1	1507.3	1698.1	7.2	9
卢森堡	995.5	1041.0	1284.2	1169.8	1217.4	5.2	10
合计	18346.4	20980.8	24785.7	25678.8	27942.9	—	—
占全球比重（%）	65.1	65.5	65.9	65.8	65.7	—	—

资料来源：根据《中国数字贸易发展报告（2024）》整理。

从数字化交付服务进口额角度看,美国仍然位居世界第一位,从2019年的2647.2亿美元持续增加到2023年的3773.8亿美元,年均增长率为9.3%。爱尔兰、德国、英国、荷兰和法国分别排在第二位至第六位。中国排在第七位,数字化交付服务进口额从2019年的1085.9亿美元增加到2023年的1596.0亿美元,年均增长率为10.1%,高于美国、爱尔兰、荷兰、法国、日本和瑞士的年均增长率。前十大经济体中有九大经济体属于发达经济体,占十大经济体的比重超过90%。前十大经济体的数字化交付服务进口额占全球的比重维持在60%左右。我国数字化交付服务发展很快,近年来该增长率保持在16%以上,已经位列世界第六。但是,2019年以来,受地缘政治影响,我国数字化交付服务出口受到西方发达国家的制裁,从双循环角度看,目前我国数字化交付服务的主要领域在境内(见表1-3)。

表1-3 2019—2023年全球前十大经济体数字化交付服务进口额

国别	2019年（亿美元）	2020年（亿美元）	2021年（亿美元）	2022年（亿美元）	2023年（亿美元）	年均增长率（%）	排名
美国	2647.2	3161.6	3501.2	3769.2	3773.8	9.3	1
爱尔兰	3250.7	3463.3	3207.3	3222.8	3525.0	2.0	2
德国	1568.3	1808.5	2120.1	2123.8	2408.8	11.3	3
英国	1284.8	1510.2	1750.2	1694.2	2109.3	13.2	4
荷兰	1667.1	1495.2	1681.3	1695.2	1886.7	3.1	5
法国	1137.9	1235.8	1398.2	1458.5	1631.5	9.4	6
中国	1085.9	1335.3	1582.1	1557.5	1596.0	10.1	7
新加坡	914.7	1174.3	1372.5	1484.3	1572.5	14.5	8
日本	1214.3	1374.9	1466.0	1436.4	1504.1	5.5	9
瑞士	921.0	1099.4	1229.3	1157.5	1289.2	8.8	10
合计	15691.9	17658.5	19308.2	19599.4	21295.6	—	—
占全球比重（%）	60.6	61.0	59.8	59.2	59.2	—	—

资料来源:根据《中国数字贸易发展报告(2024)》整理。

据商务部统计，2024年前三季度，我国可数字化交付的服务进出口额为2.13万亿元，同比增长5.3%；跨境电商进出口额为1.88万亿元，同比增长11.5%，均创历史新高。党的二十大之后，中央决定进一步放开国内服务业，鼓励外商扩大数字领域投资，完善数据跨境流动治理体系，促进和规范数据跨境流动。此外，还应积极参与世贸组织电子商务谈判，积极推动加入《数字经济伙伴关系协定》（DEPA）和《全面与进步跨太平洋伙伴关系协定》（CPTPP）进程。深化与中亚国家、金砖国家、上海合作组织、"一带一路"共建国家等多双边及区域数字贸易对话与合作，加大促进我国数字化交付服务进出口发展力度。

三、全球跨境电商发展特征与趋势

（一）跨境电商交易规模及渗透率

作为数字贸易的重要组成部分，跨境电商得到了蓬勃发展。图1-5展示了近些年全球跨境电商行业交易额及渗透率发展趋势。根据图1-5，全球跨境电商交易规模从2019年的1.3万亿美元增长至2023年的2.8万亿美元，年均增长率为21.14%。按照这一增长率预测，2024年跨境电商行业交易额将达到3.4万亿美元。即使受新冠疫情、局部战争等因素的影响，2019—2021年全球跨境电商行业交易额也保持了良好的增长势头。此外，跨境电商行业渗透率也表现出不断攀升的趋势，由2019年的5.2%快速上升至2023年的8.0%，说明跨境电商在商品销售中已逐渐成为主流趋势。

（二）跨境电商平台前十强及增长预测

由上海社会科学院、渣打银行、《理财周刊》和邓白氏（Dun & Bradstreet）联手发布的《2023跨境电子商务发展报告》，依据近三年全球跨境电商发展的趋势，列出了全球跨境电商平台前五十强。其中，排

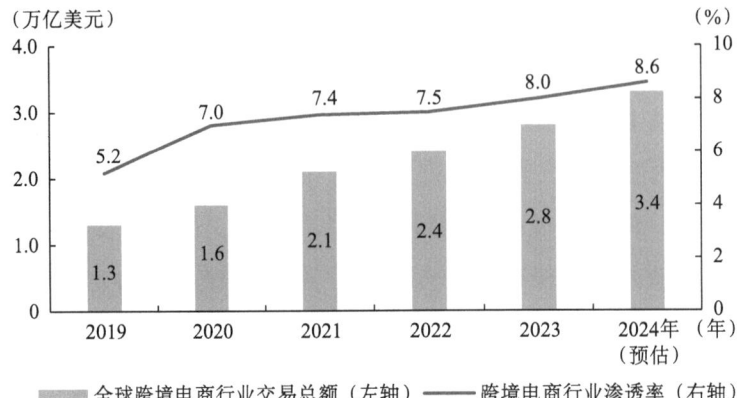

图1-5　2019—2024年全球跨境电商行业交易额及渗透率

资料来源：中商产业研究院。

名前十强榜单如表1-4所示。在前十强的跨境电商平台中，有一半来自北美洲，4个来自亚洲，1个来自欧洲。就平台增长轨迹而言，有4个平台在未来几年处于收缩状态，其中有1个来自中国，其他平台均处于增长或稳定状态。

表1-4　　　　　　　　全球跨境电商平台前十强

排名	平台名称	总部所在地	增长轨迹预测
1	沃尔玛（Walmart）	北美	收缩
2	亚马逊（Amazon）	北美	稳定
3	家得宝（Home Depot）	北美	收缩
4	阿里巴巴集团（Alibaba Group）	亚洲	收缩
5	京东（JD.com）	亚洲	增长
6	塔吉特百货（Target）	北美	增长
7	百思买集团（Best Buy）	北美	收缩
8	酷澎（Coupang）	亚洲	稳定
9	欧图集团（Otto Group）	欧洲	增长
10	乐天（Rakuten）	亚洲	增长

资料来源：https：//zhuanlan.zhihu.com/p/668969359。

（三）跨境电商出口规模前十强

根据图1-6，中国境内跨境电商交易规模为14000亿美元，位于第一梯队；美国位于第二梯队，交易规模为11190亿美元；中国香港和英国的交易规模分别为2512亿美元和1958亿美元，位于第三梯队；荷兰、意大利和韩国位于最后梯队，荷兰的交易规模低于400亿美元。

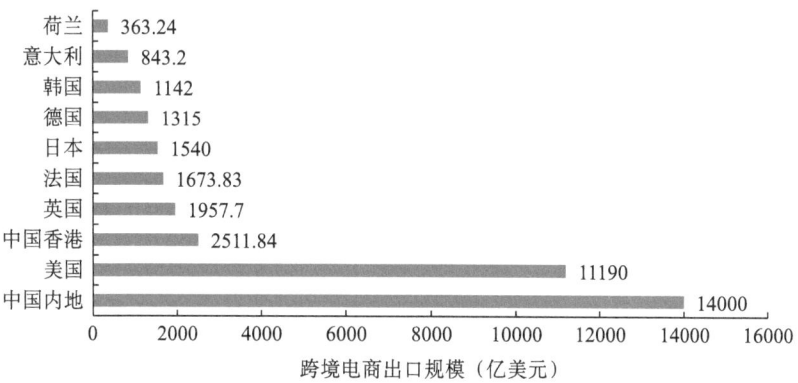

图1-6　2023年世界跨境电商出口规模前十强

第二节　中国数字贸易发展趋势

近些年，在结构性调整、高质量发展、创新驱动、加强国际关键领域合作等一系列战略的推动下，中国经济和科技取得了极大发展，进而促进了数字经济和数字贸易的快速发展。中国政府高度重视数字贸易带来的发展机遇，在规划引导、数据监管、开放合作、规则制定等方面采取了积极举措。

一、中国全力推动数字贸易发展

（一）中国政府高度重视数字贸易发展

2019年，国务院发布《关于推进贸易高质量发展的指导意见》，指出要深化服务贸易开放合作领域，加快推进数字贸易发展。2020年，国务院发布的《关于推进对外贸易创新发展的实施意见》提出，要加快贸易数字化转型，并不断提升贸易便利化水平，促进跨境电商等新模式、新业态的发展。"十四五"规划再次要求，要创新发展服务贸易，推进服务贸易创新发展试点开放平台建设，提升贸易数字化水平。各部门也在努力构建数字经济和数字贸易快速发展的良好环境。2020年实施的《中华人民共和国数据安全法》规定，要促进数据跨境安全、自由流动。2023年，商务部拟定了关于数字贸易改革创新发展的政策性文件，提出着力提升贸易数字化水平，加快培育服务贸易数字化发展的新动能。在对外贸易协定方面，中国正在积极加入各种有利于数字贸易发展的国际组织。2021年11月1日起，中国正式提出加入《数字经济伙伴关系协定》（DEPA）的申请，截至2023年底，已进行四次技术磋商。2023年9月，习近平总书记在向2023年中国国际服务贸易交易会全球服务贸易峰会发表的视频致辞中强调，深化与共建"一带一路"国家的服务贸易和数字贸易合作，促进各类资源要素跨境流动便利化，培育更多经济合作增长点。2024年8月，中共中央办公厅、国务院办公厅提出，促进数字贸易改革创新发展、加快建设数字中国的意见。

（二）地方政府积极探索数字贸易发展新举措

北京利用其政治、文化、科技创新和国际交往中心优势，抓住时机，大力发展数字经济和数字贸易。根据官方数据统计，目前北京数字贸易规模占全国的比重超过20%，这与北京市政府采取的数字贸易发展举措密不可分。2020年,北京市政府制定出台了《北京市关于打造数字贸易试验区实施方案》,构建以数字贸易港为核心的创新格局;2021年5月,北京市首批数据跨境流动试点正式得到批复,试图先行探索跨境数据流动路径;2023年,北京市出台了《北京市数字贸易统计测度方法(试点)》,启用数字贸易统计测度研究新方法。

上海市作为中国经济、金融、科技发展中心和国际大都市,其数字贸易也得到了蓬勃发展。2019年,上海市发布《上海市数字贸易发展行动方案(2019—2021)》,对数字贸易内涵和覆盖领域做出了系统阐释。之后,上海市又发布了《推进上海经济数字化转型赋能高质量发展行动方案(2021—2023)》《推进上海生活数字化转型 构建高品质数字生活行动方案(2021—2023)》《关于全面推进上海城市数字化转型的意见》等文件,全力促进数字贸易发展和转型。

中国其他地区也高度重视数字贸易发展,并出台了多项举措推进数字贸易发展,如2022年南京市出台的《数字贸易发展行动方案》、广州市制定的《广州市支持数字贸易创新发展若干措施》,以及2024年杭州市出台的《杭州市数字贸易促进条例》等。

二、中国数字服务贸易发展特征与趋势

(一) 中国可数字化服务贸易规模及比重

2016年以来,中国可数字化服务贸易得到了快速发展,从2016年的2164亿美元增加至2023年的3859亿美元,年均增长率为8.6%,如图1-7所示。虽然有些年份的可数字化服务贸易规模有所波动,甚至出现绝对增长下降的现象,但整体上仍然呈现强劲增长态势。从可数字化服务贸易占整个服务贸易的比重看,2016年占比为33.5%,之后两年有所下降,其中,2017年的占比达到谷底,之后这一数据保持增长态势,2022年和2023年略有降低,但比重超过40%。与全球平均水平

相比，中国可数字化服务贸易进出口总额占服务贸易总额的比重较低，大约相差 5～10 个百分点。这表明可数字化服务贸易虽然逐渐成为中国服务贸易的主流，但仍然存在很大发展空间。

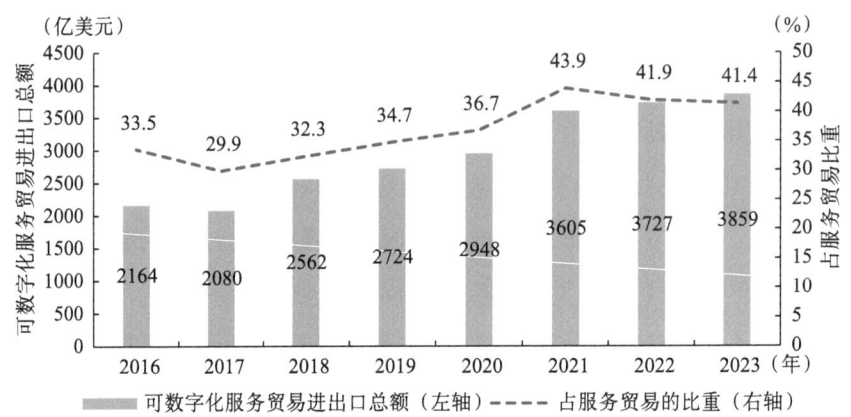

图 1-7　2016—2023 年中国可数字化服务贸易规模及比重

资料来源：商务部网站。

（二）可数字化服务贸易的进出口规模及增速

从可数字化服务贸易出口规模看，2016 年可数字化服务贸易出口额为 1174 亿美元，占数字化服务贸易进出口总额的 54.25%；2023 年出口额为 2190 亿美元，比重上升至 56.75%。比较而言，中国可数字化服务贸易出口规模大于进口规模，保持顺差状态，并且出口占比趋于上升。从增长率角度分析，2016 年可数字化服务贸易出口增速略有下降，而 2017 年却出现了较大幅度下降，这可能与该阶段全球经济发展疲软有关。2017 年之后的增长率均大于 0，而且 2018 年和 2021 年的增长率分别高达 28.82% 和 26.12%（见图 1-8）。

第一章　数字贸易趋势

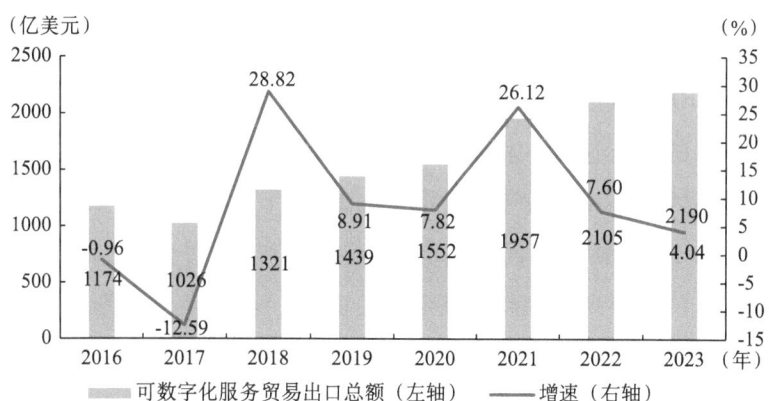

图 1-8　2016—2023 年中国可数字化服务贸易出口总额及增速

资料来源：商务部网站。

从可数字化服务贸易进口规模看，2016 年可数字化服务贸易进口额为 990 亿美元，2023 年增长至 1669 亿美元，年均增长率为 7.75%，呈持续增长态势。中国可数字化服务贸易进口额波动较大，2016 年、2018 年和 2021 年的增长率高于 10%，其他年份低于 10%，其中，2022 年的增长率为负值（见图 1-9）。

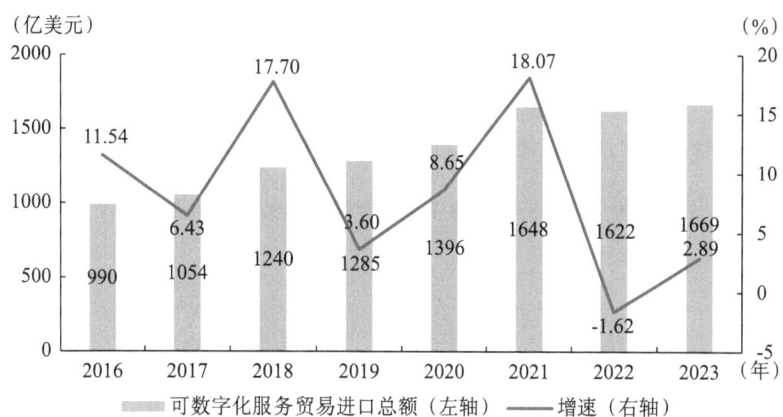

图 1-9　2016—2023 年中国可数字化服务贸易进口总额及增速

资料来源：商务部网站。

（三）可数字化服务贸易增速

图 1-10 显示了 2016—2023 年中国可数字化服务贸易、服务贸易和货物贸易的增长速度。根据此图，除 2017 年之外，其余年份可数字化服务贸易的增长率均大于 0，并且在 2018 年达到最大值 23.20%，高于服务贸易 14.60% 的增长率和货物贸易 3.27% 的增长率。2023 年，以上三种形式的贸易增长率均有所下降，其中，可数字化服务贸易的增长率由 2021 年的 22.30% 下降至 2023 年的 3.50%。增长率反映了两点信息：第一，中国可数字化服务贸易具有强大的发展前景，成为贸易发展和经济增长的新动能；第二，中国可数字化服务贸易仍然处于起步阶段，发展不稳定，波动较大。

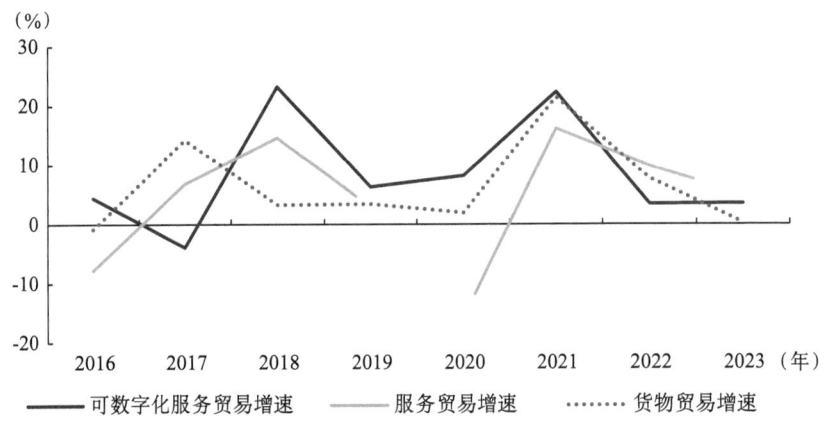

图 1-10　2016—2023 年中国可数字化服务贸易增速及比较

资料来源：根据 UNCTAD 数据库计算。

（四）各地区可数字化服务贸易发展特征

利用商务部的数据，测算得到 2023 年 12 个主要省份可数字化服务贸易进出口额及增速情况，见表 1-5。可以看到，可数字化服务贸易额在百亿美元以上的有六个省份，其中，上海的数值最大，为 1023.9 亿美元，比排名第二的广东省多 130.5 亿美元，是排名第 12 位的海南的近50倍。上海、广东和北京三个地区的可数字化服务贸易总和占全国的比重超过60%。在增速方面,海南和山东的增速较快,高于9%;北京和辽宁增速为负值。在进口和出口方面,上海、广东、北京、江苏和浙江的可数字化服务贸易的规模均在百亿美元以上,其他省份的进口和出口规模均较低。从以上分析中可知:第一,中国可数字化服务贸易发展极不平衡,地区差异突出;第二,中国可数字化服务贸易还有很大提升空间。

表1-5　　　　2023年12个主要省份可数字化服务贸易情况

地区	进出口额（亿美元）	增速（%）	出口额（亿美元）	增速（%）	进口额（亿美元）	增速（%）
上海	1023.9	3.87	640.8	3.36	383.1	4.72
广东	893.4	8.88	464.1	6.36	429.2	11.73
北京	694.7	-4.39	401.8	-1.37	292.9	-8.25
江苏	334.8	8.87	213	18.59	121.8	-4.78
浙江	307.4	1.73	125.2	5.07	182.2	-0.44
山东	117.9	9.05	84.6	7.88	33.3	12.16
四川	72.6	5.48	56.4	7.98	16.2	-2.41
天津	73.4	7.14	31.8	4.92	41.7	9.16
辽宁	64.5	-1.21	36.4	-6.06	28.1	5.88
福建	56.9	8.65	29.3	-12.64	27.6	46.57
安徽	21.8	1.40	10.3	2.69	11.5	0.26
海南	20.5	13.70	7.7	0.79	12.7	22.12

资料来源:商务部网站。

三、中国跨境电商发展特征与趋势

(一) 中国跨境电商发展趋势

中国跨境电商发展十分迅速,从2019年的1870亿美元增长至2023

年的3572亿美元,年均增长率高达17.56%,远高于服务贸易、货物贸易和中国经济增长的速度。从具体时间看,2020年中国跨境电商交易规模为2340亿美元,同比增长25.2%;2021年跨境电商交易额相比2020年增加了630亿美元,同比增长26.9%;2022年跨境电商交易规模比2021年略增120亿美元,增速为3.8%。从进出口规模角度分析,出口规模远大于进口,始终保持顺差状态。此外,跨境电商出口规模保持强劲增长,增速远高于进口。但值得一提的是,中国跨境电商虽然得到了前所未有的发展,但其占货物贸易的比重不足1/10。由此可见,中国跨境电商还有较大提升空间(见表1-6)。

表1-6　　2019—2023年中国跨境电商规模、同比和占比情况

年份	价值（亿美元）			同比（%）			占货物贸易比重（%）		
	进出口	出口	进口	进出口	出口	进口	进出口	出口	进口
2019	1870	1160	710	17.0	24.9	6.1	4.1	4.6	3.4
2020	2340	1570	770	25.2	35.5	8.7	5.0	6.1	3.7
2021	2970	2150	820	26.9	37.4	6.1	4.9	6.4	3.1
2022	3090	2300	790	3.8	6.7	-3.8	4.9	6.4	2.9
2023	3572	2751	820.81	15.6	19.6	3.9	6.03	8.16	3.22

数据来源:中国海关。

(二) 中国跨境电商进出口市场集中度

图1-11和图1-12显示了2022年中国跨境电商出口市场和进口市场的占比状况。从图1-11中可以看到,美国是中国跨境电商最大的出口国,占比34.3%;其次为英国,占比6.5%;德国、马来西亚和俄罗斯也是中国跨境电商的主要出口国,占比分别为4.6%、3.9%和2.9%。总的来说,中国跨境电商出口市场集中度非常高,主要依赖美国市场。从图1-12中可以看到,日本、美国、澳大利亚和法国是中国跨境电商进口的主要来源国,占比分别为21.7%、17.9%、10.9%和

7.5%。从以上分析可知，中国跨境电商进口市场和出口市场都非常集中，还有较多国家的市场有待开发。

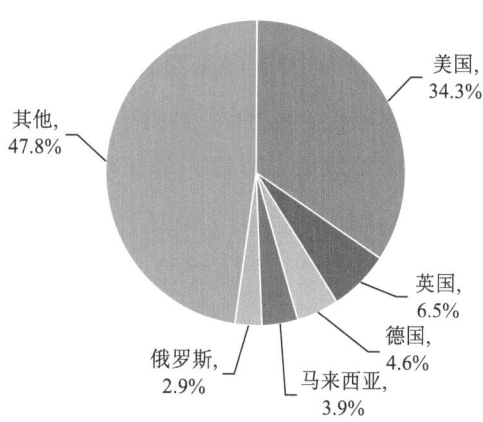

图1-11　2022年中国跨境电商出口市场占比

资料来源：https://baijiahao.baidu.com/s?id=1773430004395043788&wfr=spider&for=pc。

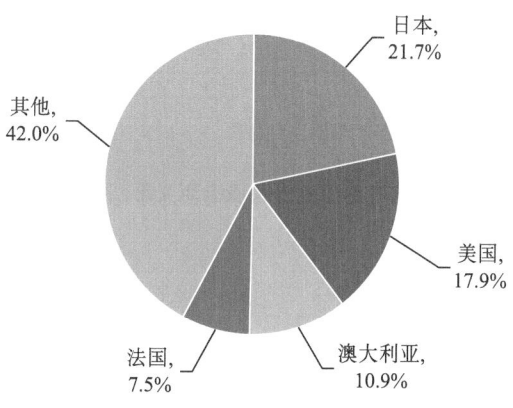

图1-12　2022年中国跨境电商进口市场占比

资料来源：https://baijiahao.baidu.com/s?id=1773430004395043788&wfr=spider&for=pc。

（三）部分省份跨境电商发展情况

中国跨境电商发展非常不平衡，如图1-13所示，以2023年为例，广东跨境电商进出口总额为1197亿美元，占中国跨境电商进出口总额的33.5%；江苏其次，跨境电商进出口总额为346亿美元，占比为9.68%；浙江跨境电商进出口总额为299亿美元，占比为8.38%。以上三个省份的跨境电商进出口总额之和占中国跨境电商进出口总额的比重超过50%。其他省份跨境电商进出口总额较小，不少省份跨境电商交易规模低于200亿美元。可见，中国跨境电商发展区域差异显著，极不平衡，同时也反映了中国跨境电商发展仍处于起步阶段，有较大的发展潜力。

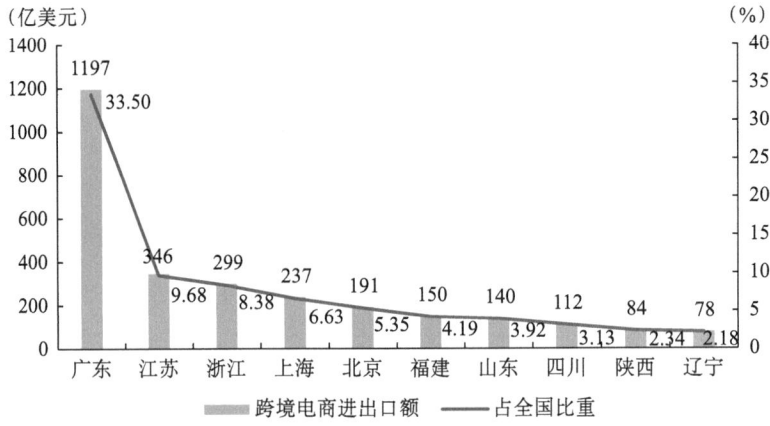

图1-13 2023年部分省份跨境电商交易规模及比重情况

资料来源：商务部网站。

第二章
数字文旅发展

数字文旅是指利用数字技术手段将文化与旅游相结合，通过虚拟现实（VR）、增强现实（AR）、大数据、人工智能等技术，对文化旅游资源进行数字化处理，为游客提供更加沉浸式、交互性强、信息丰富的旅游体验。数字文旅的核心在于以数字化的知识和信息作为关键生产要素，借助现代信息网络这一重要载体，通过信息通信技术的有效应用，推动效率提升、质量改进和产业结构优化。

第一节　数字文旅的概念和内涵

一、数字文旅的概念

尽管数字文旅已成为当前文旅行业的热点，但目前，数字文旅还没有明确定义的概念。一些学者试图总结这一概念，李仲广（2019）[①]认为，数字文旅是当代科技，特别是互联网和其他数字技术，推动文化与旅游融合的综合体。尽管该概念描述了数字文旅的现象，但其范围过于广泛，无法体现数字文旅的实质。另外，一些学者从产业的角度对数字文旅进行了界定。徐菲菲（2021）[②]认为，数字文旅是以文化和旅游消费需求为核心，利用互联网的支持，将数字技术和信息通信技术融入文旅产业各个阶段的新型产业形态。姜艳艳（2021）[③]认为，数字文旅是国家推动发展的新兴产业，是数字技术与文旅产业深度融合的结果。何小芊（2022）[④]认为，数字文旅作为数字经济的一部分，涵盖了数字产业化和产业数字化两个方面。产业数字化是传统行业通过数字技术提升业务和生产效率的过程。数字文旅是文化和旅游发展的数字化工程，主要依赖数字技术和消费数据挖掘，涵盖了数字化文旅产品的各个环节，从研发到交易再到消费。数字文旅是文旅融合发展的新业态，是文化产业和旅游产业数字化发展的具体表现，也是数字经济迅速发展的衍生产

---

① 李仲广. 数字文旅亟待理性引导［EB/OL］.［2019-09-09］.
② 徐菲菲，何云梦. 数字文旅创新发展新机遇、新挑战与新思路［J］. 旅游学刊，2021，36（7）.
③ 姜艳艳. 互联网背景下区域数字文旅的创新发展策略［J］. 社会科学家，2021（9）.
④ 何小芊，刘宇. 数字文旅的形成背景、驱动机制及发展路径［J］. 市场论坛，2022（02）：28-33，38.

物。数字文旅连接了供给和需求，有助于拓展消费市场、增加产品价值、推动服务创新，进而促进文化与旅游的深度融合，推动文旅行业高质量发展。孙鸣桧（2023）[①]表示，数字文旅是指借助数字科技和互联网技术，以文化和旅游为核心，通过数字化的方式，创造和提供丰富多样的文化旅游产品和服务。它包括数字化展览、虚拟旅游、在线导览、数字艺术、文化遗产保护传承、在线预订与交易等，能够提升游客参与体验和行程安排的便利性、个性化和互动性。数字文旅通过融合电子商务、大数据分析、人工智能和增强现实等前沿技术，开拓了文化旅游的新模式，推动了文化传媒和旅游业的转型升级，为游客提供了更丰富、多元和便捷的文化旅游体验。

综合来看，我们可以将数字文旅定义为一系列文化旅游经济活动，其核心生产要素为数字化知识和信息。现代信息网络扮演着关键的角色，是数字文旅的承载工具，而信息通信技术的有效应用则是提高效率、提升质量和优化结构的主要动力。

二、数字文旅的内涵

作为文旅融合的新产品，数字文旅的组织和经营形态具有以下内涵：

第一，融合为核心。文旅融合在数字创新的背景下不仅是信息技术与文旅业态的有机结合，而且在实践上形成了文旅融合的战略性思维，将文化和旅游、科技和智慧文旅相结合，涵盖各种业态和跨界的融合。

第二，科技是数字文旅的支柱。现代科技如大数据、互联网、物联网和云计算正在改变传统旅游的形态，推动旅游业向更先进的方向发展。这些科技为文旅融合注入了新的动力，促进了智能化的文旅服务以及更深层次的文旅体验。数字化科技要素，如 5G 和大数据，为传统旅

[①] 孙鸣桧. 数字技术赋能我国民族地区文旅产业发展研究［D］. 四川省社会科学院，2023.

游业的发展提供了全新的动能和无限可能，助力传统旅游业走向文旅融合和高质量发展。

第三，数字文旅的载体是数据。数据是国家的重要资源，对文化和旅游的融合发展至关重要，也是企业创新的核心组成部分。在文旅产业中，数据是信息传播、影响力塑造、变革发生以及深化的关键媒介。数字文旅的发展意味着构建一个健全的产业数字生态系统，并持续调整这一生态系统，以提升产业运行质量和发展能力。

罗培（2021）[①] 提出了数字文旅"一基四化"的基本框架模型。"一基"是指文旅新型基础设施：以新发展理念为引领，通过技术创新驱动和信息网络基础，为高质量发展提供数字转型、智能升级和融合创新等服务的基础设施体系。新型基础设施包括以下三个方面：一是信息基础设施，基于新一代信息技术演化产生的基础设施，如文旅大数据中心等。二是融合基础设施，将互联网、大数据、人工智能等技术广泛运用，助力文旅产业传统基础设施转型升级。三是创新基础设施，如智慧文创产业园等。"四化"包括文旅数字产业化、文旅产业数字化、文旅数字化治理和文旅数据价值化。

第二节　数字文旅的发展现状

一、数字文旅发展背景

许多因素共同推动了数字文旅的兴起和蓬勃发展，数字文旅已成为当今文化和旅游领域不可忽视的重要部分。

[①] 罗培. 数字文旅发展思考. 清华大学互联网产业研究院, 2021.

（一）技术进步与数字技术普及

在云计算、大数据、物联网等新技术的有力推动下，数字经济正以雷霆万钧之势蓬勃发展。新的商业模式、产品和服务不断涌现，宛如一场数字化的盛宴。新的商业模式如璀璨星辰般不断涌现，各类创新产品与服务也如繁花般竞相绽放。信息技术仿佛强劲的引擎，驱动着我国文化服务业迅猛前行，使其呈现出一派前所未有的繁荣盛景。与此同时，旅游业搭乘数字经济的快车，亦实现了飞速发展。智能化旅游产品如雨后春笋般层出不穷，从智慧景区的全景导览，到个性化定制的旅行规划，再到沉浸式旅游体验的创新打造，全方位重新定义并深度重塑了整个旅游产业链。这些新技术为数字经济带来了更多可能性，推动了文化和旅游行业的创新和发展。

（二）数字经济强势冲击社会生活

如今，各类社交、购物等手机软件在人们的生活中得到了前所未有的广泛应用。在这众多的应用程序里，旅游住宿类与文化艺术类App的使用频率格外突出，它们犹如一个个生动的触角，有力地表明数字经济正以一种悄无声息却又极具深度的方式，全方位渗透进人们的日常生活中。当下，数字文旅领域已然成为一片充满吸引力的热土，吸引了大量爱好者与参与者。这一繁荣景象，直观且确凿地反映出人们对数字化的文化和旅游体验的强烈兴趣与迫切的参与愿望。

（三）产业规划引领与政府政策支持

近年来，各级政府纷纷出台了多项重要文件，推动文化与旅游的融合发展。这些文件聚焦于文旅行业的转型升级，重点规划了推动数字文化产业高质量发展以及建设智慧旅游景区等任务。推动数字文旅产业高质量发展已经成为旅游业发展的重要内容，也成为多部门共同推进的重要发展战略。这些政策举措旨在促进数字化文旅产业的创新与提升，加速行业发展步伐，对文旅行业的高质量发展起着关键作用。其中，《中共中央关于制定国民经济和社会发展第十四个五年规划和二〇三五年远景目标的建议》将"促进数字化文旅产业的创新与提升"这部分内容单独成篇，提出重点建设数字化应用场景，明确了数字文旅发展的战略方向与定位，为建设数字中国指明了方向。在相关政策导向下，我国文旅数字化趋势加速。围绕数字新基建、文旅资产数字化、文旅产品数字化供给、产业全链路打通和升级，文旅产业数字化会有更多发展空间。我国文旅数字化趋势持续走强，预约、云旅游、智慧景区、智慧目的地等建设的微观与宏观作用叠加，使数字文旅建设步伐加快。表2-1为近几年来国家层面与数字文旅相关的政策文件汇集。

表2-1　　　　　国家层面与数字文旅相关的政策文件

发布时间	发文机关	文件名称及文号	核心纲要
2018年12月	国务院办公厅	《进一步支持文化企业发展的规定》（国办发〔2018〕124号）	深化文化体制改革，继续推进国有经营性文化事业单位转企改制
2019年5月	文化和旅游部	《文化和旅游规划管理办法》（文旅政法发〔2019〕60号）	推进文化和旅游规划工作科学化、规范化、制度化
2019年8月	国务院办公厅	《关于进一步激发文化和旅游消费潜力意见》（国办发〔2019〕41号）	数字文旅相融合：发展基于5G、超高清、增强现实、虚拟现实、人工智能等技术的新一代沉浸式体验型文化和旅游消费内容
2019年8月	科技部等六部门	《关于促进文化和科技深度融合的指导意见》（国科发高〔2019〕280号）	推动中国文化科技产业进入新的阶段
2020年11月	文化和旅游部	《关于推动数字文化产业高质量发展的意见》（文旅产业发〔2020〕78号）	培育数字文化产业新型业态

续表

发布时间	发文机关	文件名称及文号	核心纲要
2021年4月	文化和旅游部	《"十四五"文化和旅游科技创新规划》（文旅教发〔2021〕39号）	要高度重视科技创新在推动旅游业高质量发展中的重要作用
2021年4月	文化和旅游部	《"十四五"文化和旅游发展规划》（文旅政法发〔2021〕40号）	文化和旅游市场体系日益完善，文化和旅游市场繁荣有序，市场在文化和旅游资源配置中的作用得到更好发挥，市场监管能力不断提升
2021年12月	国务院办公厅	《"十四五"旅游业发展规划》（国发〔2021〕32号）	充分运用数字化、网络化、智能化科技创新成果，升级传统旅游业态，创新产品和服务方式，推动旅游业从资源驱动向创新驱动转变
2022年8月	中共中央办公厅 国务院办公厅	《"十四五"文化产业发展规划》	文化和旅游深度融合，融合发展，延伸产业链
2022年10月	中国共产党第二十次全国代表大会	党的二十大报告	加快建设数字中国，实施国家文化数字化战略；文化和旅游深层次融合
2023年2月	中共中央办公厅 国务院办公厅	《数字中国建设整体布局规划》	提升数字化发展水平，推进一体化格局

（四）消费者需求的变化

随着居民收入的显著增长，旅游消费升级成为必然趋势。其中，"95后""Z世代"作为旅游消费主力军，其对个性化、多元化、特色化与小众化的追求，促使相关企业与部门更加聚焦于吸引游客的兴趣。在此背景下，数字创新驱动的文旅融合在日常生活中广泛落地。以数字故宫、数字敦煌等项目为例,这些融合项目不仅实现了文物的保护性修复,还为游客带来沉浸式体验,让古老的文化在数字时代重焕生机。此外,文旅行业借助大数据技术,整合社交媒体上的视频、评论等海量数据,进行了标签化处理,再结合人工识别技术与精准推送,将游客兴趣点与产品开发、盈利深度融合,为文旅产业的拓展与品质提升开辟了全新路径。

二、数字文旅发展现状

(一)当前,数字文旅行业发展迅猛,呈现出丰富多彩的发展趋势

在数字经济和电子商务的背景下,文旅产品传统的线下营销方式已经逐渐淡出大众的视野。如今,文旅产品普遍采用短视频、直播带货等新型模式,以直播形式销售机票、门票、旅游特产、文创产品已成为主流趋势。携程公司成立了专门的旅行MCN(Multi-Channel Network),完美融合了流量和广告营销,成为文旅产品运营服务商的代表。与此同时,数字文旅以线上营销为关键点,重视优质内容,用长期的宣传进行引流,以实现对目的地的数字化赋能。

(二)文旅业因为数字技术的崛起开启了全新的尝试,虚拟世界被塑造成现实世界的镜像,数字化技术对文旅产业的产业链和产品链进行了深刻的重塑

一系列"云旅游""云展览""云赏艺""云演出"等体验,主要由在线新文旅企业创造和实现。在未来,一系列虚拟技术,如AR、VR、MR等,将在文旅产业链上进一步拓展,为文旅企业的发展开辟全新的发展路径,打造线上虚拟景点、虚拟数字人、虚拟导游导览演播厅等。

(三)文旅内容再生产正在蓬勃发展

作为我国在线新文旅未来消费的主要用户,庞大的"Z世代"群体

也是数字内容消费的核心力量,他们更加注重数字文化内容的质量。在这种情况下,文旅领域全新的消费渠道和场景便应运而生。国漫、国风、国创、国乐、国艺等大量中国文化的数字内容IP创造了新一代群体对文旅消费的全新需求,引领创新文旅产品开发及旅游目的地业态塑造,成为文旅行业的蓝海。未来,在文化和旅游产业链以及创新链深度交织的背景下,优质文旅数字内容创作将成为数字文旅发展的主要方向。

窦文章(2021)[①]描述了我国数字文旅的现状特征,主要有以下三点:第一,在持续推进利好政策的红利下,我国文旅数字化进程正在迅猛加速。在数字新基建、文旅资产数字化、文旅产品数字化供给以及产业全链路打通和升级等方面,蓬勃发展的文旅产业数字化正呈现出更加广阔的发展空间。特别值得注意的是,文旅产业数字化趋势的强劲发展也促进了预约服务、云旅游、智慧景区、智慧目的地等方面的发展,而且文旅产业数字化在微观与宏观层面相互叠加,共同推动了数字文旅建设步伐的加快。

第二,在互联网和文旅科技领域,巨头企业的进入使文旅竞争不断加剧。腾讯、阿里、美团、抖音等互联网企业纷纷涉足文旅产业,与众多中小企业一同渗透、争夺市场份额。这些互联网巨头主要以"巨量用户+精准算法推荐"为基础,在供给与需求方面实现更高程度的匹配,进而在"既有用户+用户的多重需求"框架下,跨界扩展业务范围。美团在景区和目的地城市加强布局,通过引流等手段加速对景区的渗透和扩张,强化平台上的旅游资源聚合。拼多多开通了火车票、飞机票入口,在2020年11月推出了"多多旅行"业务,合作伙伴包括华住、小猪民宿、东呈酒店、春秋旅游等。滴滴的关联公司成立了旅行社,业务覆盖境内游、入境游、票务代理、酒店管理等领域,并与猫途

---

① 窦文章. 我国数字文旅发展现状、痛点及机会[EB/OL]. [2021-09-22].

鹰、洲际酒店、Booking、万达酒店及度假村等展开多元合作，将多样化的出行服务融入酒店商旅服务链条。抖音的关联公司成立了微字节（北京）旅行社有限公司，尝试在文旅业务闭环方面做出一些创新。随着未来五年数字经济红利的不断释放，更多企业将进入这一领域，企业间的竞争将日益激烈。

第三，跨界整合释放企业活力，涌现出大批文旅新产品、新模式。通过混合现实、3D全息投影、数字影片等新一代数字技术，重新构建旅游场景应用，可提升文旅行业的科技转化能力。不同地区正在利用虚拟现实（VR）和增强现实（AR）等技术，积极推动公共馆藏数字化和艺术展览线上化，以促进文化遗产的情境再现。推出数字化展览项目，也可以为旅游者提供360度全方位在线沉浸式体验，如数字故宫、云游敦煌等。同时，部分景区和酒店充分利用人工智能和机器人技术，推出了智能机器人导览、可穿戴设备、无人智慧酒店（如阿里巴巴的智慧酒店）以及无接触支付等智能产品和服务，为旅游者提供更丰富的现场交互式和智能化体验。在培育文旅体验模式方面，可大力发展云端游戏、数字娱乐、电子竞技等领域，激发游客的新需求和消费体验。各级文旅部门也在积极推动文化产业和旅游产业的"上云"进程，充分发挥互联网平台的赋能作用。鼓励各类互联网平台开发文旅功能和产品，同时支持有条件的文化和旅游企业进行平台化拓展。这一系列举措旨在提升文旅行业的数字化水平，为游客提供更丰富、更智能化的文化和旅游体验。

窦文章（2021）指出，我国数字文旅发展正面临一系列关键问题和挑战。在挖掘文旅数字价值方面，目前，文旅产业的生产要素数据化水平较低，产业数据受限，导致文旅的数字潜力尚未得到充分发挥。因此，迫切需要积极开发数据资源，吸引更多企业参与产业数字化进程，以形成更为显著的市场效应。在文旅数字治理方面，信息孤岛问题突出，且尚未建立完善的数据共享机制。展望未来，文旅行业将进一步优化数字管理流程，着重提升数据服务的便捷性以及政府职能部门的整体服务水平。在文旅产业业态方面，存在创新不足、核心品牌引领力不足的问题。数字科技的进步为重新设计多元旅游场景提供了机遇，可在食、住、行、游、购、娱等多个方面充实整体旅游的智能空间。只有以数字创意为主导，推动文化旅游产业蓬勃发展，依托尖端数字技术推进业态创新，改善消费者的旅游体验，才能更加有力地推动数字科技时代的文旅产业发展。

第三节　数字游戏和数字文旅的融合

一、数字游戏和数字文旅融合方式

（一）文化主题游戏

精心打造以文旅目的地、历史故事或文化传统为核心主题的数字游戏。在游戏构建的虚拟世界里，无论是美轮美奂的场景、个性鲜明的角色，还是丰富多样的任务，皆紧密关联真实的文旅目的地。通过细腻的场景还原、生动的角色塑造以及别出心裁的任务设计，可深度激发用户对相关文化的浓厚兴趣，进而促使他们产生亲赴实地、亲身感受与体验相关场景魅力的强烈愿望。

（二）虚拟旅游实境游戏

巧妙融合增强现实（AR）与虚拟现实（VR）技术，将全球各地的文旅目的地以逼真的虚拟形态融入游戏情境。这种创新的互动体验，打破了时间与空间的限制，让玩家跨越地域界限，深度领略不同文旅目的地的独特魅力，极大地拉近了用户与真实景点之间的距离，为文旅探索带来前所未有的便捷与新奇。

（三）文化探险游戏

匠心打造富含文化探险元素的沉浸式游戏。在精心构筑的游戏世界里，玩家将化身为无畏的探险家，沿着跌宕起伏的故事线，不断解锁隐藏于岁月深处的文化秘密。不仅如此，玩家还能亲身"参与"各类高度还原的文化活动，深度领略不同历史时期、多样传统习俗以及独具特色的地方文化，在探索中收获知识与乐趣。

（四）数字博物馆游戏

创新性地将数字博物馆的丰富展品与珍贵的历史文物融入其中。通过精心设计的多样游戏玩法，用户不再是被动的旁观者，而是能亲自"投身"历史挖掘，深入文化研习。在玩游戏的过程中，用户可一步步揭开文物背后的神秘面纱，深入理解其承载的文化价值，加强对文物的认知与欣赏。

（五）互动式城市导览游戏

这就是要开发一款别具一格的城市导览游戏，引领用户在游戏中深度探索城市的文化景点与历史建筑等特色地标。游戏精心设计了一系列任务，用户通过完成任务，犹如探寻宝藏般收集城市文化知识点。不仅如此，游戏还能激发用户的实地探索欲望，促使他们在现实中亲自走访这些地点，实现虚拟与现实的巧妙联动，全方位领略城市魅力。

二、游戏 IP 赋能文旅实践

2023 年，中国旅游研究院"游戏 IP 赋能文旅"专题调研报告表明：游戏 IP 对弘扬优秀传统文化和传播城市文化品牌具有重要作用，通过创造新内容、构建新场景、触发新消费、融合新需求等形式，游戏 IP 正在为文旅行业开启技术赋能、内容赋能、流量赋能与体验赋能，以《王者荣耀》为代表的游戏已经通过"IP 内核共创计划"等方法论，逐步探索出"场景还原与故事复刻""角色/英雄代言目的地""重构主题娱乐空间""历史遗产与自然世界的数字孪生""电竞品牌助力城市节事营销"等细分场景。

游戏 IP 赋能文旅主要包括创造新内容、构建新场景、触发新消费、融合新需求四个方向。游戏的研发、设计等各个环节可以活化和创新在地文化，丰富感官，创新体验方式，引导玩家在娱乐的同时更好地接受传统文化。游戏 IP 构建的数字化文旅新场景，实现了从线上虚拟场景到现实场景的"转场"，为游戏玩家及大众群体提供了线下体验实感，丰富了线下体验内容。游戏 IP 能多点触发潜在游客做出出游决策，并将地方艺术、地方民俗、地方节庆充分融入到文旅消费场景，吸引游客探索更多目的地的文旅消费内容和产品。游戏 IP 还能弥合文化遗产与客源市场在本地化、近程化、高频次诉求方面的供需缺口，既丰富了游客体验和游憩场景，又提升了游客获得感和愉悦感，让游客"易留驻""易沉浸""易复游"。

游戏 IP 赋能文旅报告认为，游戏 IP 赋能文旅需重点关注需求与供给、地方文旅 IP 与游戏 IP、游客与玩家、线上与线下、虚拟与现实五组关系。传统旅游目的地的形象、口号和价值的老化、单一，与新消费群体的有效沟通有所缺失，所以，面向年轻人的游戏 IP 体系及其要素，将为这些问题提供更多面向科技、面向未来的解决方案。线下有形与无形资产，为游戏提供了符号框架，同时为游戏体验向现实延伸提供了可能。游戏 IP 通过独立 IP 或 IP 矩阵，为线下空间提供内容运营的符号、故事、价值观，由实向虚、由虚向实、虚实交替、数实融合，是文旅体验的典型特征。场景还原与故事复刻、游戏人物代言文旅目的地、重构主题娱乐空间等"由虚向实"的做法，历史遗产、自然世界的数字孪生等"由实向虚"的做法，以及剧本角色扮演与策略类桌游卡牌、以点带线到以线带面的地图式交互等"数实融合"的做法，使游戏 IP 与文旅地 IP 在虚拟和现实之间互为镜像，多维交互。

以《王者荣耀》为例，游戏 IP 赋能文旅已经在加速文旅数字化、助推文旅高质量发展等方面取得了丰富的成果。《王者荣耀》携手南昌市文化广电新闻出版旅游局、南昌滕王阁，通过推出"弈星—滕王阁序"系列落地活动与场景，将游戏 IP 的人物形象、气质与城市更新的形象、气质进行二元叠加，构建虚拟与现实的桥梁，实现多维度多视角的灵活接触，唤起公众对建筑、文学、历史的"集体记忆"。另外，《王者荣耀》与甘肃省文化和旅游厅共同推出了"千色云中·发现丝路"数字文旅计划。王者人生平台、同程旅行 App 推出一系列线上线下推广活动，从"云中沙之盟"虚拟形象到系列伴手礼的实体形象，助力"交响丝路·如意甘肃"品牌影响力的提升，推动甘肃文旅在全链条上形成 IP、展示 IP、强化 IP。

未来，为实现游戏 IP 赋能文旅的可持续发展，要继续坚持底线思维、坚守文化安全，要层层深入加速文旅数字化发展，要以产业现代化助推文旅产业高质量发展。游戏 IP 可以继续尝试以数字资产"归拢"文旅目的地的物理符号碎片，用数字资产"梳理"文旅目的地的精神符号脉络，让数字资产促进文旅资产的保值增值。游戏 IP 可进一步丰富文旅产品新内容、构建文旅数字化新场景、推进文旅新消费，以产业现代化助推文旅产业高质量发展。

第四节　数字文旅典型案例

南京途牛科技有限公司（以下简称"途牛旅游网"）成立于 2006 年，总部位于江苏省南京市，是中国领先的数字化旅游服务商，2014 年 5 月在美国纳斯达克上市，成为中国首家专注于在线休闲旅游的上市公司。途牛旅游网业务覆盖跟团游、自助游、私家团、邮轮、机票、酒店、景区门票等全品类旅游产品，累计服务超 5500 万人次，产品覆盖全球 150 多个国家和地区，出发城市达 290 个[①]。合作供应商超 3000 家，分销商超 5000 家，拥有超 2 万个跟团游 SKU[②]。途牛旅游网在数字文旅领域不断创新，通过大数据分析用户行为，精准推送个性化旅游产品，极大地提升了用户体验。其自主研发的"牛人专线"品牌，更是以高品质的服务和独特的旅游线路设计，赢得了广大消费者的青睐。该品牌不仅注重旅游产品的品质，更在细节上下功夫，如提供专业的导游服务、舒适的交通安排以及贴心的行程规划等，以便让每一位游客都能享受到宾至如归的服务。通过不断的品牌升级和产品创新，途牛旅游网正逐步成为数字文旅领域的佼佼者，为推动中国文旅产业的数字化转型贡献力量。

一、产品创新与用户体验优化

（一）"牛人专线"品牌升级

自 2009 年首次推出以来，途牛旅游网主打"0 购物跟团游"的旅游产品持续进行迭代更新。截至 2021 年第一季度，途牛旅游网累计服务超 540 万人，满意度达 97%。2023 年，"牛人专线"升级为"0 购物跟团游"，涵盖大团、私家团等，通过地接直营、资源直采、随团质检、动态打包等方式，打造个性化、差异化的高质量、高性价比的旅游度假产品。该产品通过地接直营和资源直采等创新模式，确保了旅游服务的高质量标准，同时覆盖了包括大型团队游和私家小团游在内的多种旅游形态。其动态打包系统允许用户根据自己的需求自主选择和组合交通、住宿以及各种娱乐活动项目，从而生成具有高性价比的个性化旅游

---

① 途牛官方网站：https：//www.wta－web.org/ref＝nav_logo/members/list/tuniu－com.
② SKU，即"Stock Keeping Unit"，就是最小存货单位的意思，库存进出计量的基本单元，可以以件、盒、托盘等为单位。

方案，实现了"打包订，更便宜"的差异化竞争优势。

此外，"牛人专线"还特别注重旅游行程的透明度，确保所有费用明细都清晰地展示给游客，没有任何隐藏的额外消费。这样的做法让游客在出行之前就能对整个旅程的花费有一个全面而明确的了解，从而大大增强了游客对旅游产品的信任感。与此同时，途牛旅游网也在不断地优化其服务流程，提供全天候 24 小时的客服在线支持，确保游客在旅途中遇到任何问题时都能得到及时而有效的解决，从而进一步提升游客的整体旅游体验。

（二）智慧旅游场景搭建

途牛大数据平台通过运用先进的垂直搜索引擎技术和深度的数据模型挖掘方法，能够为用户智能推荐既省时又省心的旅游方案。这些方案不仅能够帮助用户节省宝贵的时间，还能在规划旅行的过程中减少不必要的焦虑和压力，从而显著提升用户的决策效率。通过这种智能化的服务，途牛旅游网旨在为每一位旅游爱好者提供更加个性化和便捷的旅行体验。

二、数字化营销与传播

（一）途牛旅游网的"牛人严选"营销范式不断升级

途牛旅游网的"牛"与合作伙伴联合推出精选的"牛人严选"产品。"牛人严选"产品上线满意度标准为 93%，其中，跟团游产品具有"独立成团、行程透明、食宿无忧、严选导游"的特点。同时，"牛人严选"产品较高的满意度上线标准以及真实可观的点评数据，可推动合作伙伴进一步提升产品质量和服务水平。

（二）利用数字直播拓展旅游营销

途牛旅游网已开始积极拓展其直播业务领域，成立了名为"小玩家科技"的 MCN 机构。该机构负责运营超过 60 个自营的直播账号，并且成功签约了数百名达人。这些达人来自不同的领域,拥有各自的"粉丝"群体。通过在多个直播平台上的直观展示,"小玩家科技"致力于将丰富的文旅资源呈现给广大观众,从而推动消费品质提升和数量增长。

在直播内容的策划上,"小玩家科技"注重结合当地的美景、美食以及非物质文化遗产等元素,以强化目的地的品牌影响力。例如,他们推出非遗戏曲体验项目,让观众能够在线上近距离感受传统戏曲的魅力;同时,还推广汉服文化,鼓励人们穿汉服参与各种文化活动,体验传统文化的韵味。这些举措不仅丰富了直播内容,也让更多人了解并喜爱中国的传统文化,进一步提升了目的地的吸引力。

三、乡村振兴与农文旅融合

(一)开展"乡村+民宿""乡村+研学"项目

在南京高岗村等地落地"乡村+民宿""乡村+研学"项目,途牛旅游网结合微度假需求开发了新业态,助力乡村振兴战略实施。通过这种创新模式,不仅为当地居民提供了新的收入来源,也为游客提供了更加丰富和深入的乡村体验游,促进了城乡之间的文化交流和经济互动。通过农文旅融合挖掘乡村资源潜力(如桐画民宿项目),可推动乡村旅游成为市场新增长点。该项目不仅展示了当地独特的文化特色和自然风光,还通过提供一系列与农业、文化和旅游相关的活动,吸引了众多游客前来体验,从而带动了周边地区的经济发展。

(二)"产品创新+技术驱动+内容营销"综合策略

途牛旅游网通过其独特的"产品创新+技术驱动+内容营销"的综合策略,在数字文旅领域成功构筑了其核心竞争力。其动态打包系统、直播生态、乡村振兴实践等多项创新举措,不仅显著改善了用户体验,还促进了整个行业的数字化转型,确立了文旅新业态发展的行业标杆。途牛旅游网在数字文旅领域的创新举措和推广活动，不仅提高了旅游产品的品质和用户体验，还借助数字化技术和文化融合，推动了文旅市场的繁荣与进步。此外，途牛旅游网还通过其先进的技术平台，为用户提供个性化推荐，使旅游体验更加贴合个人喜好。同时，途牛旅游网还注重内容营销，通过高质量的旅游攻略、用户评价和互动社区，增强了用户的参与感和满意度。这些策略的实施，不仅让途牛旅游网在激烈的市场竞争中脱颖而出，也为整个文旅行业的发展注入了新的活力。

第三章
数字广告发展

　　数字广告是一种广告类型，通常也称为网络广告。数字广告，顾名思义，就是利用数字技术进行传播和展示的广告形式。它主要依赖互联网、移动设备、电子屏幕等数字媒介进行传播，具有互动性、精准性、可追踪性等特性。数字媒体的出现使广告目标产生了根本性的变化。网络技术让广告以其独特的方式给商品提供了一系列双向互动和测量的可能性。这些变化从根本上重新定义了数字时代人们对广告的期望。

第一节 数字广告的概念和内涵

一、数字广告的概念

数字技术掀起的革命浪潮正深刻影响着营销、传播与广告活动,技术的持续变革和数字经济的不断发展带动了广告媒介的持续演变[①]。早期的数字广告主要以互联网广告的形态存在,借助互联网上的各种渠道、方式吸引消费或进行商业探索。随着数字化的发展,广告分类也更加细化。各种新型数字媒体的出现和普及,需要我们更全面地研究广告产业数字化发展,使互联网广告研究体系的完善程度不断提高,但即使这样,仍难以完全涵盖新兴广告形态,"数字广告"急需得到更加清晰的界定。

数字广告是数字革命的重要方向和现代营销领域的关键组成部分,业界尚未给出明确的定义,总体上是指消费者基于数据要素、结合大数据等数字技术进行规模化且个性化的宣传、促销、传播的一种广告形态[②]。狭义上的数字广告强调通过互联网或数字平台传递广告内容的方式,并着重突出了广告传播的数字化特征。例如,美妆品牌通过在小红书等平台上投放图文广告,会被精准地推送至关注美妆的用户。广义的数字广告在狭义数字广告的基础上增加了为广告商提供服务和基础设施的中介平台,广告商通过平台展示广告内容,向潜在客户传递广告信

---

① 高腾飞,曲韵. 数字广告的核心内涵、研究进展及分析框架——基于 Web of Science 数据库的分析 [J]. 新闻与传播评论, 2023, 76 (02): 82 – 95.

② 杜勇,曹磊,谭畅. 平台化如何助力制造企业跨越转型升级的数字鸿沟?——基于宗申集团的探索性案例研究 [J]. 管理世界, 2022, 38 (06): 117 – 139.

息，直接参与商品销售。

数字广告在互联网技术的洪流中诞生，并随着5G、大数据和人工智能等技术的持续进步而蓬勃发展。数字广告不仅是一种广告形式，它还融合了技术、数据、创意和媒介等多个领域的优势，为现代广告业注入了新的发展活力。

二、数字广告的载体

数字广告的载体涵盖了图文、视频、直播等多种媒介形式，从线上到线下，呈现多元化趋势，广告内容可以通过这些载体更精准地触达目标受众，并实现有效的传播和互动。网站平台是数字广告的核心载体之一，搜索引擎、社交媒体、行业垂直网站的广告商可以借助互联网平台获取大量的广告展示空间，并借助算法和用户数据，精准地将广告推送给目标受众。

随着智能化时代的到来，具有高度互动性的移动应用已成为数字广告的重要载体，广告商能够在工具类应用和游戏类应用上精准定位客户需求，为用户提供更加个性化的体验。在用户使用工具或游戏的过程中，这些工具或游戏可以展示广告。例如，天气类应用在显示天气信息的界面中插入品牌广告，或者在启动页展示广告；地图应用可以根据用户的位置信息推送周边商家的广告，如当用户定位在一个商圈附近时，他就可以利用地图应用推送附近的餐厅和商场的促销广告。游戏类应用中，无论是小型休闲游戏还是大型内存游戏，在游戏加载界面和游戏场景内的虚拟场景、暂停界面或是关卡加载时，广告商都有机会植入推广或展示广告，以便为玩家提供丰富的视觉体验。

对于户外广告而言，媒体较为分散，以户外电子显示屏为内容载体，并根据站点和乘客的人群特征，通过循环播放宣传品牌形象广告进行产品推广。户外广告媒体大体包括楼宇电梯媒体、公交车媒体、地铁媒体和机场媒体四类。第三次全国时间利用调查公报结果显示，居民日常出行交通活动时间占全国居民主要活动时间的 80.5%。传统广告规模的缩减主要是用户注意力向移动媒介转移，表现为用户上网时长占比提升，其他活动的时长占比相对下降①。随着出行时间在居民日程中比重的增加，出行圈广告的结构性机会可能增多。户外数字广告不仅能够展示多样化的广告内容，还能根据需求更新内容，调整界面设计，确保信息的时效性和相关性，从而优化成本、提高效率。此外，随着物联网技术的普及，越来越多的设备开始接入互联网，如智能音箱、智能电视等，广告主可以通过植入语音广告、视频广告与用户进行互动，向潜在客户直接提供优惠信息，进行产品推荐，这也是数字广告新载体的表现形式之一。

三、数字广告内容的表现形式

数字广告多样的载体为其丰富的内容表现形式提供了展示的舞台。随着技术发展和市场需求的变化，数字广告的内容表现形式也在不断创新和演变。沉浸式体验营销已成为当今数字策略应具备的特性，且需要多渠道覆盖（蔡祖国、李世杰，2024）②。

在数字化时代，广告主日益频繁地借助视觉、听觉手段，打造沉浸式的广告体验，从而推动了广告内容表现形式的不断演变。随着技术的持续进步，创新的广告形式，如短视频、兴趣电商和社交广告等，已成为广告生态的支柱，占据了近半数的市场份额，并为灵活就业者提供了大量新机遇。从传统的横幅广告，到如今的短视频、原生广告、程序化广告等，每种形式都拥有独特的应用场景和优势。这些多样化的广告形式不仅提升了广告的覆盖面和效果，还显著增强了用户的参与感和互动

---

① 国家统计局. 第三次全国时间利用调查公报［R］. 北京：国家统计局，2023.
② 蔡祖国，李世杰. 市场信号如何提升竞价排名机制的经济效率？——基于搜索引擎平台数据的实证分析［J］. 管理科学学报，2024，27（03）：39-57.

性。总体而言,数字广告的表现形式丰富多样,主要包括视频广告、搜索广告、信息流广告、互动广告和综合类广告。

视频数字广告已成为数字广告中不可或缺的一部分,通过先进数字技术将传统视频广告融入网络中,以图、文、声、像的形式传送多感官信息来分享品牌故事,吸引受众。它常见于视频网站、社交媒体等平台,包括平台内视频前、中、后插播等多种展示方式(卢向华,2013)[①]。随着我国互联网广告行业市场规模的持续增长,视频广告市场占比逐年上升。腾讯视频、爱奇艺、优酷视频等头部视频平台及抖音、快手等短视频平台占据重要地位,一些新兴视频平台也不断涌现。社交媒体平台为其用户提供了高水平的吸引力和社交能力(Wu,C,2016)[②],长视频平台也不断进行创新探索,通过产品植入、场景植入、情节植入等广告植入形式,将广告与视频内容融为一体,以更好地满足品牌的宣传需求,提升广告的效果。视频数字广告的市场规模持续增长,发展趋势呈现多元化、个性化定制和互动性增强的特点,在提高品牌的知名度和影响力方面持续加强。

数字营销领域的竞争日益激烈,短视频平台近年来异军突起,成为广告的重要传播渠道。搜索广告是一种在用户进行搜索操作时呈现的广告类型,凭借其精准的目标定向和出色的转化效果,搜索广告已经成为品牌和商家不可或缺的战略工具。既让商品内容和交易的分发更具确定性,也为品牌在平台上的经营持续提供长期价值。目前,搜索广告与电商、本地生活、线索收集以及应用下载等场景紧密相连。商家通过运用各种策略,在这些场景中利用搜索广告来推动业务的增长。以抖音为例,该平台拥有庞大的搜索用户群体,他们的搜索行为多种多样,这促

---

① 卢向华. 竞价排名广告的关键词投放策略及其绩效研究——基于淘宝网的实证分析[J]. 管理科学学报,2013,16(06):1-9.

② Wu, C. 2016. The performance impact of social media in the chain store industry [J]. Journal of Business Research, 69 (11): 5310-5316.

使搜索广告在众多行业中得到了广泛的应用和迅速的发展。随着智能手机的普及，信息流的流量呈现爆炸式增长。信息流广告是基于数据库分析，采用算法推荐和原生体验，通过标签定向投放于社交媒体用户好友动态、资讯媒体和视听媒体内容流中，以自然、融入式的方式呈现在网页、App等平台内容里，以图片、图文、视频的形式插入用户订阅、分享信息中的新型营销推广形式。从"以产品为中心"转向"以消费者为中心"，信息流广告基于算法精准投放，秉持"让对的人看到对的广告"的原则，程序化广告的实时竞价算法通过动态调整出价策略保证广告分配的公平性，而不会显著影响效率[①]。程序化广告通过融入原生页面模糊了原生内容与广告的界限，使广告内容的存在感大幅降低，从而带给用户良好的消费体验[②]。

进入数字时代后，利用算法分析并结合最新的用户行为分析技术提升互动性和转化率，为广告行业带来了发展新机遇，虚拟、仿真等技术可以摆脱物理媒介的限制，并直接链接用户内心需求，为品牌营销提供了更广阔的空间和更多元的选择。

互动类广告是数字广告中全方位展示产品或服务的特点与优势，极具创新性和吸引力的一种形式，它通过各种互动元素和方式，让用户主动参与到广告中来，从而提升用户对广告内容的关注度、记忆度和好感度，提升广告效果。例如，虚拟现实技术（VR）为广告提供了全新的展示方式。通过VR技术，广告可以营造出逼真的场景，让用户身临其境地体验产品或服务，通过较强的吸引力来提高用户的参与度和购买意愿。以元宇宙的应用为例，"虚拟数字人+品牌"的营销模式已辐射渗透到游戏、电商、快消、美妆等各行各业，虚拟数字人IP能够在品牌

---

① Li, X., Rong, Y., Zhang, R., & Zheng, H. 2025. Online advertisement allocation under customer choices and algorithmic fairness [J]. Management Science, 71 (1): 825-843.
② 焦豪，杨季枫，王培暖，等. 数据驱动的企业动态能力作用机制研究——基于数据全生命周期管理的数字化转型过程分析 [J]. 中国工业经济, 2021 (11): 174-192.

与对外营销之间建立一种超出交易双方角色的价值关系，成为品牌和用户之间的情感纽带。如今，AR、VR技术在广告中的运用频率逐步增加，AR试妆技术直接影响用户的购买意愿，不同时尚创新水平的消费者对其购买意愿会产生不同的感知[①]。VR技术能提供全方位的虚拟体验，比如家具陈设的空间虚拟定位，有效提高了网销家具的购买率，降低了用户的试错成本。总体而言，互动类广告打破了传统广告单向传播的局限，实现了广告主与用户之间的双向沟通，为数字广告的发展注入了新的活力[②]。

此外，市场经济的持续发展和竞争的日益加剧，使综合类广告市场规模不断扩大，逐渐成为广告行业不可或缺的重要组成部分。综合类广告，是指涵盖多种广告形式和传播渠道，为企业或品牌提供全面推广解决方案的广告活动。作为一种全面、精准、有效的广告形式，综合类广告不再局限于某一种特定的广告形式，而是结合了文字、图像、声音、视频等多种元素。综合类广告具有广泛的覆盖范围、精准的定位能力、良好的品牌塑造效果和协同的营销效应等优势。在当前市场经济持续发展和竞争日益加剧的情况下，综合类广告将继续发挥重要作用，增强用户与品牌之间的互动和连接，为品牌营销提供更广阔的空间和更多元的选择，为企业和品牌的发展提供有力支持。

四、数字广告的投放效果

随着数字化时代的蓬勃发展和科技创新的不断进步，数字广告行业作为创新的前沿，借助其低成本试错和高效供需匹配的优势，正朝着更

---

① Wang, Y., Ko, E., & Wang, H. 2022. Augmented reality (AR) app use in the beauty product industry and consumer purchase intention [J]. Asia Pacific Journal of Marketing and Logistics, 34 (1), 110–131.

② 程明，张蒙. 传统广告信息认知的局限与数字广告内容认知的逻辑——兼论数字广告内容的价值与影响力 [J]. 编辑之友, 2022 (01): 80–85.

加智能化、个性化的方向发展,是企业走上快车道的重要营销路径和现代商业竞争中推动品牌增长与市场拓展的关键力量。

(一) 广告覆盖与受众互动

广告业是注意力经济的核心。在任何能够吸引注意力的地方,广告都能找到其立足之地。通过各种平台和渠道的投放,广告已经成为电商企业最主要的盈利方式,也是维持互联网生态运作的关键组成部分。例如,许多企业或机构设立了形象展厅,并布置了全息橱窗、智能滑轨屏、虚拟沙盘等交互装置,方便用户亲身体验产品和服务[①]。这种互动体验不仅能实现直观的品牌触达,还能同步收集用户的实时反馈,从而优化营销策略,更精准地满足消费者的需求。然而,广告的过度推送或侵入性设计可能引发用户的烦躁情绪,进而降低广告的有效性[②]。

(二) 转化效果与投资回报

广告和创新投资存在互补关系,广告能通过扩大新产品的市场份额来提升创新的回报率。在技术创新的进程中,广告业展现出了可预见的未来前景,数字技术在广告业的早期应用中能为用户带来持续稳定的收益,为风险资本在技术研发方面的投资提供了动力。数字广告通过实时监测和评估广告效果,根据数据反馈可及时调整策略,优化投放效果,进一步提高了投资回报率。同时,数字技术创新是基于概率的事件,而广告业务为其增加了一定的确定性[③]。

(三) 品牌塑造与市场竞争

经过精心策划与创意呈现,数字广告能够有效地传递品牌理念与价

---

① 焦豪,杨季枫,王培暖,等. 数据驱动的企业动态能力作用机制研究——基于数据全生命周期管理的数字化转型过程分析 [J]. 中国工业经济, 2021 (11): 174 – 192.
② Sharma, A., Dwivedi, R., Mariani, M. M., & Islam, T. 2022. Investigating the effect of advertising irritation on digital advertising effectiveness: A moderated mediation model. Technological Forecasting and Social Change, 180, 121731.
③ 徐宗本,冯芷艳,郭迅华,等. 大数据驱动的管理与决策前沿课题 [J]. 管理世界, 2014 (11): 158 – 163.

值,提升品牌知名度与美誉度。在竞争激烈的市场环境中,数字广告能助力企业和品牌凸显其独特优势,吸引消费者的目光,从而占据更多的市场份额。此外,数字广告还能实时监控市场趋势及竞争对手的动态,为企业和品牌制定营销战略提供关键参考,帮助企业在市场竞争中占据有利地位。

第二节 数字广告的发展现状

随着移动互联网的普及和 5G 技术的快速发展,中国的数字广告市场展现出巨大的潜力和活力。得益于政府对数字经济的支持和推动,以及消费者对数字化生活方式的接受和喜爱,越来越多的企业开始重视数字广告的价值,并加大在数字广告领域的投入,推动了数字广告市场的快速增长。

一、中国数字广告行业发展现状与趋势

(一) 发展现状

1. 广告行业规模

全球化的不断深入和互联网经济的蓬勃发展,推动了全球广告市场规模以惊人的速度增长。2023 年,全球广告支出总额约 7186 亿美元,较上年实现了 3.3% 的增长(见表 3-1、图 3-1);全年全球广告支出总额占全球 GDP 的 0.68%,较上年增长 0.03 个百分点。同年,中国单一市场的广告支出总额占全球广告支出总额的 16.39%,已稳居全球第二大广告市场的位置,仅次于美国的 41.64%。

表 3-1　2022—2026 年全球十二大市场广告支出额及预测　（单位：十亿美元）

年份 市场	2022	2023	2024（预测）	2025（预测）	2026（预测）
全球	695.6	718.6	754.4	785.9	819.1
美国	292.8	299.2	316.8	330.9	346.8
加拿大	10.3	10.7	11.0	11.5	11.9
巴西	13.9	14.7	15.9	17.4	19.1
英国	42.6	45.2	48.0	50.1	51.5
德国	29.4	32.3	33.4	34.5	35.6
法国	16.8	17.6	18.3	18.8	19.2
意大利	7.9	8.3	8.7	8.8	9.2
西班牙	6.5	6.7	6.9	7.1	7.3
中国	112.0	117.8	123.4	128.7	133.4
日本	47.8	49.3	50.8	52.1	53.8
澳大利亚	12.9	12.8	13.0	13.3	13.6
印度	10.3	11.5	12.2	13.5	15.1

资料来源：电通广告公司：《电通全球广告支出预测》，2024 年 5 月。

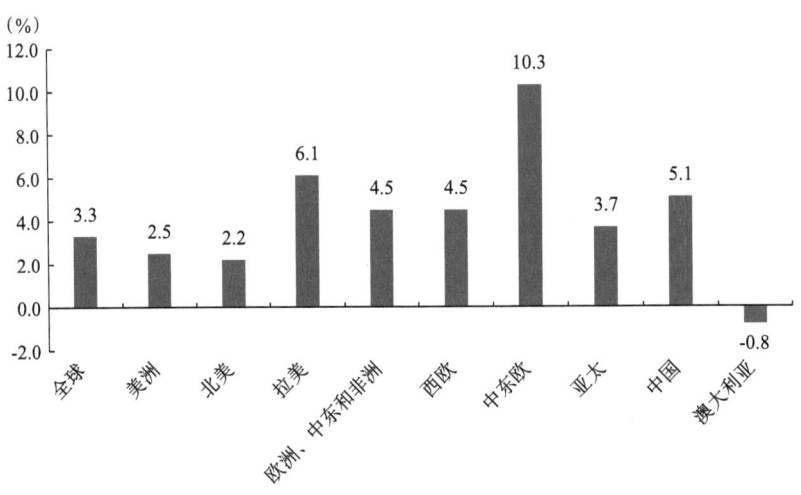

图 3-1　2023 年全球各地区广告支出同比增长率

资料来源：电通广告公司：《电通全球广告支出预测》，2024 年 5 月。

目前，中东欧和拉美等地区的广告支出也展现出了强劲的增长势头，同时，日本、印度、巴西等国家的广告市场规模持续扩大，成为推动全球广告业发展的重要力量。因此，中国的广告行业仍需持续发展与进步。

此外，自2014年起，数字媒体广告的收入逐渐超过传统媒体收入。国家工商总局的数据显示，2014年我国四大传统媒体的广告收入之和为1994.63亿元，超过数字广告收入的1540亿元，其中，中国电视广告第一次出现了负增长。2021年，中国广告市场规模超过万亿元，同比增速超过11%；数字广告的市场规模超过6500亿元，同比增速超过20%。这意味着我国传媒市场发生了本质性变化，数字媒体成为真正的主导，而传统媒体日渐式微，中国传媒市场发生了根本性的改变。

2. 广告行业市场格局

全球广告市场的集中度较高，主要市场由少数几个大国主导。2023年，在全球十二大市场的广告支出中，美国一马当先，占据了全球广告支出的41.64%；中国紧随其后，占比16.39%，中美两国合计占比超过50%；其次是日本、英国、德国、巴西等（见图3－2）。

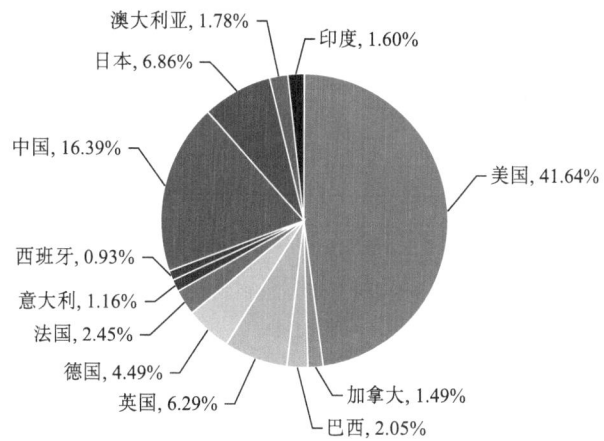

图3－2　2023年全球十二大市场广告支出占全球比例

资料来源：电通广告公司：《电通全球广告支出预测》，2024年5月。

美国作为全球最大的经济体，其广告支出占绝对优势，这不仅反映了其强大的消费市场和品牌影响力，也体现了美国在广告技术和创新方面的领先地位。而中国作为新兴市场的代表，广告支出的快速增长彰显了其经济活力和市场潜力。随着中国经济的持续发展和消费者需求的不断升级，中国广告市场有望进一步扩大规模，提升在全球广告市场中的地位。同时，日本、英国、德国、巴西等国家的广告支出也占一定比例，这些市场各具特色，为全球广告业提供了多元化的发展机遇。

3. 广告行业结构

在广告行业中，主要的传播渠道涵盖了数字广告、电视广告、户外广告、平面媒体广告、音频广告以及影院广告。随着移动互联网的普及和社交媒体的兴起，数字广告在全球广告市场中的份额逐年提升。2023年的数据显示，数字广告的支出占比超过了一半，电视广告约占1/4，户外广告、平面媒体、音频广告和影院广告的支出占比合计不足20%（见图3-3）。

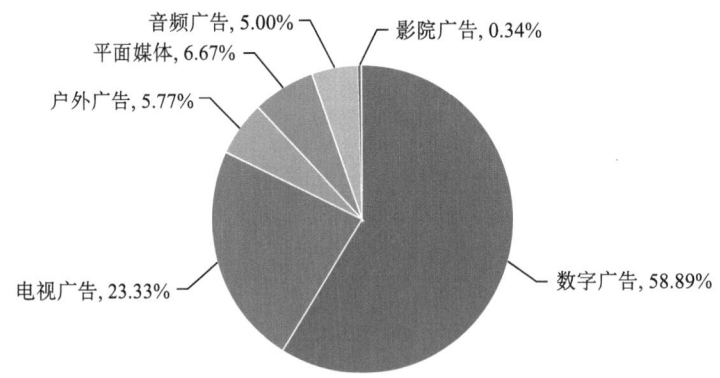

图3-3 2023年各渠道广告支出占比

资料来源：电通广告公司：《电通全球广告支出预测》，2024年5月。

数字广告支出占比达到电视广告的两倍，这不仅展示了数字广告业的巨大潜力，也预示着其广阔的发展前景（见图3-4）。随着大数据、人工智能等技术的不断进步，广告业的精准营销和个性化推送能力将得到进一步增强，数字广告行业的发展空间依然巨大。

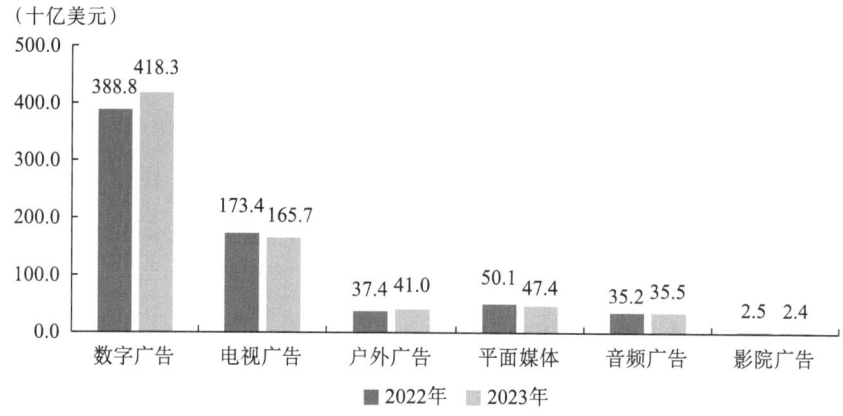

图3-4　2022—2023年各渠道广告支出额对比

资料来源：电通广告公司：《电通全球广告支出预测》，2024年5月。

4. 数字广告行业所处生命周期

数字广告产业，作为依托于互联网这一新兴广告传播平台的朝阳产业，在我国乃至全球范围内展现出强劲的发展势头。在全球范围内，数字广告产业正处于一个高速发展的阶段，技术创新与市场需求共同推动行业快速进步。随着网民数量的持续稳定增长以及互联网普及率的不断提升，我国数字广告已逐渐融入人们的日常生活。与此同时，随着政府和基础电信运营商对互联网基础设施的持续投入，我国网络环境得到了显著改善。未来，我国数字广告产业将保持强劲的发展态势，互联网对传统传播媒介的替代效应也将越发显著。目前，我国数字广告产业已经走过了初期的探索阶段，正处于快速成长期。这一时期，行业内的企业数量持续增加，市场规模不断扩大，竞争也日趋激烈。

（二）发展趋势

1. 行业整合

回顾互联网的发展历程，互联网产业呈现出显著的马太效应——强者愈强，弱者愈弱。互联网广告市场是一个不受时间和空间限制的扩张市场，同时也是资本大规模涌入的新兴市场。因此，数字广告产业的发展始终伴随着并购浪潮，最终只有业内的龙头企业才能在市场中生存。目前，数字广告业中仍存在大量中小企业，行业集中度相对较低。未来，数字广告业将经历行业整合，竞争力较弱、规模较小的企业将逐渐被市场淘汰。

2. 内容营销正在成为发展趋势

当前，移动互联网的发展已步入下半场，用户规模和使用时长的增长已不再显著，互联网流量接近饱和状态。随着流量成本的不断攀升，互联网流量的上限开始显现。数据显示，自2018年起，电脑（PC）端用户数量已连续两年下滑，而微信的月活跃用户虽然超过12亿，但其增长速度已经放缓至个位数。以短视频行业为例，从用户规模来看，短视频的月活跃用户数量的增长速度正在减缓，表明短视频的流量红利期已接近尾声。腾讯、阿里巴巴等互联网巨头企业正面临不同程度的业绩挑战，各企业必须转变策略，适应存量市场的竞争环境。同时，广告主也需更加注重品牌建设。

因此，内容营销正逐渐成为新形势下增长最快的营销策略之一。随着国内互联网渗透率的持续提升，移动社交、图文资讯、短视频等多种类型平台的信息泛滥，用户面临信息过载的问题。大规模广告推广的模式逐渐被消费者厌弃，而以BGC内容结合KOL/KOC种草为代表的，根据消费者偏好进行精准投放且具有高价值的内容营销策略，越来越受到消费者的青睐。

3. 基于大数据分析的精准营销

基于大数据分析技术的飞速发展，传统的广告营销模式正经历着颠覆性的变革。借助大数据技术，数字广告企业能够深入洞察用户的年龄、性别、兴趣偏好、浏览习惯、活跃时段以及地理位置等多维度信息。在拥有这些庞大信息集合的前提下，互联网公司能够有效地捕捉、管理和处理这些数据，并向目标用户群体实施精准的网络广告投放。相较于传统广告的广泛撒网方式，这种精准营销不仅显著降低了数字广告企业的投放成本，而且大幅减轻了用户对于被迫接触广告的不适感，从而实现了更佳的广告效果。在大数据分析技术的推动下，数字广告的投放正变得更加精准和合理。

（三）行业竞争情况[①]

1. 长短视频广告竞争力两极分化严重

在视频领域的互联网平台中，抖音的广告竞争力显著高于其他平台，2021年抖音广告的竞争力指数达到0.85，稳居视频平台之首。相比之下，以爱优腾为代表的长视频平台的竞争力指数大约为0.3，仅为抖音的1/3。这种两极分化的现象，不仅揭示了短视频平台在广告市场上的强势地位，同时反映了长视频平台在广告竞争力方面的不足。

2. 传统电商行业广告竞争力整体承压

2021年，商家在京东平台投放广告业务时，其广告竞争力绝对值的相对优势较为明显，广告竞争力数值达到了13.32，位居各大电商平台之首。紧随其后的分别是阿里巴巴、美团和拼多多，这些平台的广告竞争力虽然也表现不俗，但与京东相比仍有一定的差距。这种差异在一定程度上影响了广告主的投放决策，进而影响了各平台的广告竞争力。

[①] 天风证券．互联网广告行业专题研究——中国互联网广告市场季度跟踪，2022年5月11日．

3. 图文应用广告竞争力受监管影响面临下行压力

在主要的图文应用市场中,2021 年的数据显示,作为搜索引擎市场龙头的百度,其广告竞争力依然领先于其他应用,大约是知乎、微博、腾讯等图文类应用的 5 倍。然而,整个图文应用市场正面临监管政策带来的下行压力,可能会对未来的广告竞争力产生影响。

二、行业主要法律法规及政策

数字广告行业作为互联网经济的关键一环,其健康、有序的发展离不开法律法规和政策的支持与引导。近年来,随着数字广告行业的蓬勃发展,相关的法律法规和政策体系也逐步建立健全,为行业的规范运营提供了坚实的法律保障。数字广告行业的主要法律法规和政策见表 3 – 2、表 3 – 3。

(一) 主要法律法规

表 3 – 2   数字广告行业主要法律法规

序号	法律法规名称	发布时间
1	《互联网信息服务管理办法》(国务院令第 292 号)	2000 年 9 月
2	《互联网等信息网络传播视听节目管理办法》(总局令第 39 号)	2003 年 1 月
3	《信息网络传播权保护条例》(国务院令第 468 号)	2006 年 5 月
4	《互联网文化管理暂行规定》(文化部令第 51 号)	2011 年 2 月
5	《中华人民共和国广告法》(主席令第 22 号)	2015 年 4 月
6	《中华人民共和国网络安全法》(主席令第 53 号)	2017 年 6 月
7	《中华人民共和国电子商务法》(主席令第 17 号)	2019 年 1 月
8	《中华人民共和国数据安全法》(主席令第 84 号)	2021 年 9 月
9	《中华人民共和国个人信息保护法》(主席令第 91 号)	2021 年 11 月
10	《生成式人工智能服务管理暂行办法》(网信办等七部门)	2023 年 7 月
11	《互联网广告管理办法(修订版)》(市场监管总局令第 87 号)	2023 年 12 月
12	《数据跨境流动安全管理条例》(国务院令第 765 号)	2024 年 3 月

（二）主要政策

表 3-3　　　　　　　　　　数字广告行业主要政策

序号	政策名称	发布时间	核心内容
1	《电子信息产业调整和振兴规划》	2009 年 4 月	加快培育信息服务新模式新业态。把握软件服务化趋势，促进信息服务业务和模式创新，综合利用公共信息资源，进一步开发适应我国经济社会发展需求的信息服务业务
2	《关于深入贯彻落实科学发展观积极促进经济发展方式加快转变的若干意见》	2010 年 3 月	大力促进广告业转变发展方式。积极争取地方政府依据国家产业政策，加大政策扶持力度，把广告业列入重点发展的产业，制定和落实扶持广告业发展的政策措施；支持和引导互联网、移动网、楼宇视频等新兴媒体发挥自身优势，开发新的广告发布形式，提升广告策划、创意、制作水平，拓展广告产业新的增长点
3	《国务院关于加快培育和发展战略性新兴产业的决定》	2010 年 10 月	要进一步明确发展的重点方向和主要任务，统筹部署，集中力量，加快推进新一代信息技术产业。提升软件服务、网络增值服务等信息服务能力，加快重要基础设施智能化改造
4	《中华人民共和国国民经济和社会发展第十二个五年规划纲要》	2011 年 3 月	要培育壮大高技术服务业，以高技术的延伸服务和支持科技创新的专业化服务为重点，大力发展高技术服务业。加强信息服务，提升软件开发应用水平，发展信息系统集成服务、互联网增值服务、信息安全服务和数字内容服务，发展地理信息产业
5	《国务院关于大力推进信息化发展和切实保障信息安全的若干意见》	2012 年 7 月	要增强信息产业核心竞争力，推动电子信息企业向综合解决方案服务转型，提升产业竞争力

续表

序号	政策名称	发布时间	核心内容
6	《产业结构调整目录》（2011年本）	2013年2月	鼓励类产业包括科技服务业，鼓励行业（企业）管理和信息化解决方案开发、基于网络的软件服务平台、软件开发和测试服务、信息系统集成、咨询、运营维护和数据挖掘等服务业务
7	《网络信息内容生态治理规定》	2020年3月	明确数字广告内容合规要求，禁止传播虚假信息、恶意营销广告，要求平台建立健全广告审核机制
8	《关于平台经济领域的反垄断指南》	2021年2月	规范数字广告平台市场秩序，禁止滥用市场支配地位进行不正当竞争，保障中小广告企业公平参与市场竞争
9	《"十四五"数字经济发展规划》	2021年12月	提出推动广告业数字化转型，加强大数据、人工智能在精准营销中的应用，鼓励创新广告业态和商业模式
10	《数据要素市场化配置改革行动方案"（国务院）》	2022年8月	推动广告行业数据资产化，支持建立合规数据交易平台，探索数据收益分配机制，提升数据在精准营销中的价值
11	《关于进一步规范网络直播营销行为的通知（市场监管总局）》	2023年4月	严控直播带货中的虚假广告、刷单炒信等行为，要求主播与品牌方对广告内容真实性负连带责任
12	《"人工智能"+三年行动计划（工信部）》	2024年1月	鼓励AI技术在广告创意生成、用户行为预测等场景的深度应用，计划培育30家以上AI广告示范企业

综上所述，数字广告行业的法律法规和政策体系还在不断完善，为行业的健康、有序发展提供了坚实的法律保障和政策支持。

三、数字广告行业面临的挑战

（一）行业特殊风险

1. 行业竞争风险

相比传统广告行业，数字广告更具开放性，即便是个人，也可以通过互联网提供广告服务。因此，数字广告业呈现高度分散化和完全竞争的特征。随着我国数字广告业的进一步发展，企业之间的竞争趋于白热化，行业竞争风险也随之加剧。2024年数字广告市场规模达1.5万亿元，头部平台份额占比76%，中小广告企业数量同比减少18%，行业"马太效应"进一步凸显[①]。与此同时，新兴技术平台的快速成长也对数字广告形成冲击，如百度"文心一言"广告系统等AI原生平台以及XR虚拟广告场景技术迅速崛起，2024年相关广告收入增速超50%，传统信息流广告份额下降至35%[②]。然而，AI技术的应用也面临隐私合规与内容版权风险，如生成式AI广告需要人工审核的政策要求，这些要求会进一步抬高数字广告的合规成本。

2. 人才储备风险

数字广告业涉及多个专业领域，对人才素质和数量的要求较高。2024年上半年，北京大学国家发展研究院与智联招聘联合发布的报告显示，大语言模型相关岗位招聘需求骤增，自然语言处理领域同比增长111%，深度学习、机器人算法和智能驾驶系统等岗位招聘需求分别增长61%和76%。同时，行业中的数字人才短缺问题严重，《2024数字人才白皮书》显示，74%的企业存在数字人才缺口，44%的企业认为数字人才"非常紧缺"，约70%的企业面临人才培养瓶颈。数字人才短缺的严峻性已经凸显，政府、企业和社会各界需要采

---

① 艾瑞咨询.《2024中国数字广告市场研究报告》.
② 易观分析.《2024年新兴广告技术市场洞察报告》.

取积极有效的措施来应对这一挑战,以确保自身的数字化转型和可持续发展。

（二）行业壁垒风险

1. 技术壁垒风险

数字广告业是技术密集型产业,产品和技术创新是取得竞争优势的关键因素。数字广告业涉及多领域,技术更新快,业内产品差异性较强,业内企业在各细分领域独具优势,对市场新进入者形成了较高的技术门槛,对市场新进入者形成了显著的进入壁垒。数字广告业的技术密集型特点要求企业具备强大的技术研发能力,尤其是在大数据、人工智能、云计算等前沿技术的应用上。例如,程序化广告技术的发展使广告投放更加精准和高效,但同时要求企业具备实时竞价和自动化优化的能力。此外,随着隐私法规的日益严格,企业还需要在数据安全和隐私保护方面投入大量资源,以确保合规运营。2023年出台的《生成式人工智能服务管理暂行办法》要求AI生成的广告必须经人工审核,中小企业因技术能力不足,合规成本将增加20%。这些技术要求和合规成本,进一步提高了数字广告市场的进入门槛,限制了新进入者的数量和发展速度①。

2. 人才壁垒风险

数字广告业是人才密集型产业,具有较高的人才壁垒。数字广告业不仅需要配备既拥有行业知识又掌握核心技术的研发团队,还需要配备具有丰富管理经验、掌握先进管理思想的专家型团队。广告业数字化转型加速,对人才的需求持续攀升。数字广告业对人才的综合素质与创新能力同样看重,企业既急需掌握大数据、人工智能、云计算等前沿技术的人才,也渴求兼具创意设计和管理能力的复合型人才。

---

① 《2023—2024全球数据流通与隐私科技发展报告》.

此外，面对日益严格的隐私法规，企业还得配备数据安全和隐私保护方面的专业人才。这些对专业人才的需求要素共同构成了数字广告业的人才壁垒，限制了新进入企业的发展速度与市场竞争力，使新进入企业在人才获取和培养上承受巨大压力，进一步加高了人才壁垒。数字广告行业在人才方面正面临严峻挑战。

3. 客户资源壁垒

互联网产业具有较强的产品黏性，客户转换成本高。数字广告业下游的广告公司、公关公司掌握了大量的客户资源，并与数字广告公司形成了稳定的合作关系。客户资源壁垒表现为头部平台通过长期合作锁定了广告主，形成"赢家通吃"格局，对新进入市场的数字广告公司而言，客户资源壁垒较高。以程序化广告为例，头部媒体和第三方平台占了超80%的优质流量，新进入的数字广告公司需投入高额成本才可能突破资源封锁。

另外，从品牌广告主的角度来看，那些拥有丰富客户资源和成功案例的广告公司或平台意味着更高的品质，所以它们往往更容易获得品牌广告主的青睐。这种趋势在当前的广告市场中愈发明显，尤其是在一些新兴的广告领域，如微短剧营销、生成式人工智能（AIGC）技术营销等领域，拥有 IP 孵化能力的平台（如抖音的星图）通过内容生态绑定广告主，进一步巩固了壁垒。

因此，对于广告公司或平台来说，拥有强大的客户资源壁垒，不仅意味着其在市场中的竞争优势，也意味着其能够更好地满足品牌广告主的需求，实现双方共赢。

（三）影响行业发展的不利因素

1. 市场恶性竞争

我国数字广告市场存在强制弹出广告、欺骗性的广告、没有关闭按钮的广告等恶意竞争现象。2015 年 4 月 24 日，我国第十二届全国人民代表大会修订通过了《广告法》，首次增加了关于数字广告的规定，加强了对市场乱象的管理。尽管如此，仍有部分市场竞争者试图通过恶性竞争抢占数字广告市场，严重影响了行业的健康发展。

随着AI技术的迅速发展，广告行业面临前所未有的挑战，特别是在流量作弊方面。2024年，个人信息犯罪的黑灰产业链利用深度伪造技术模拟用户点击的现象越发严重，使广告主每年因异常流量产生的损失超过百亿元。这不仅影响了广告主的投资回报率，也严重扰乱了市场秩序[1]。面对如此乱象，监管部门迅速行动。2024年，市场监管总局开展"清朗·广告生态"行动，对各类广告违规行为进行了严厉打击，累计罚款超50亿元。AI驱动的流量作弊行为使劣质广告服务充斥网络，扰乱了市场秩序，影响了广告主的投资回报率，损害了行业的生态环境，阻碍了行业的健康发展。

2. 用户对数字广告的抵触情绪

部分数字广告主和网络媒体为追求短期利益，以视频广告、展示广告等进行强迫性广告宣传，使数字广告的用户接受程度较低，给数字广告企业的业务开展带来了一定难度。随着广告屏蔽技术的广泛应用，用户体验和商业化之间的矛盾有所激化，国内广告拦截工具用户在2024年已突破5亿，直接导致移动端广告曝光率同比下降18%。以短视频平台为例，广告跳过率更是高达70%[2]。于是，为了优化用户体验并吸引用户参与，互动广告应运而生，如AR试穿、即时游戏等。这类广告确实在一定程度上提高了用户点击率。2024年艾瑞咨询数据显示，其点击率提升至12%。但是，互动广告的单次投放成本超过20万元，高昂的成本使中小企业望而却步，参与率不足10%。一方面，优化用户体验的互动广告成本过高，限制了中小企业参与，影响了广告行业的全

---

[1] 《AI时代重新思考营销》.
[2] Quest Mobile.《2024中国互联网核心趋势报告（精华版）》.

面发展；另一方面，传统广告又因为广告屏蔽技术的普及而难以有效触达用户，这就形成了一个两难的局面。在这种情况下，广告行业急需找到一种平衡用户体验与商业化的解决方案，以应对当前的困境，从而实现广告业的可持续发展。

第三节 互联网平台广告

互联网平台广告是数字广告产业的关键部分。随着互联网的广泛普及和数字技术的不断进步，互联网平台广告已经演变成企业营销策略的核心要素之一。例如，腾讯广告利用其社交平台和庞大的数据资源，为广告主提供精准的数字营销解决方案。同时，电商广告、短视频广告等新兴广告形式也在数字广告市场中占据了显著的份额。

2023年中国互联网广告市场规模达到了5732亿元，同比增长12.66%，这说明广告市场的复苏势头有所加强，其增长潜力非常大。与此同时，中国在线广告收入自2018年的1001.3亿美元稳步增长至2023年的1543.0亿美元，年复合增长率约8.1%。电商平台的广告收入规模高达2070.06亿元，稳居互联网广告收入的首位。视频与短视频平台的广告收入合计1433.08亿元，视频类广告形式持续受到广告主的青睐。社交媒体广告凭借其精准投放和互动性优势，成为广告主不可或缺的选择之一。大数据、人工智能、云计算、物联网等技术在广告领域的应用日益深化，促进了广告生产、投放、互动和监管模式的全面革新。数字广告的精准化、个性化特征日益凸显，直连制造（C2M）和直接面向消费者营销（DTC）等商业模式正加速发展。

中国的互联网广告市场展现出显著的市场集中度，领头企业，如阿里巴巴、腾讯、字节跳动、百度等，凭借庞大的用户基础和丰富的内容资源，占据了市场的主要份额。2023年，中国互联网广告行业的前四大企业（CR4）的市场份额大约为76%，而中国广告业发展指数为119.0点，同比增长9.1%，显示出广告业的强劲增长势头。数字广告成为推动广告业持续增长的关键力量，互联网广告发布业务在所有媒体广告发布业务中占比接近80%。广告业务收入超过1.3万亿元，产业规模迅速扩大，数字化转型步伐加快。东部地区在广告业方面较为领先，中部地区则展现出迅猛的增长势头，广告业的经营主体数量持续稳定增长。随着互联网技术的持续创新和普及，以及广告主对数字广告的日益重视，预计中国网络平台广告市场将继续保持增长趋势，尽管增长速度可能会有所减缓。

第四节　数字广告典型案例

近年来，中国的数字广告市场正快速增长，已成为全球数字广告服务市场的一个主要增长点。阿里巴巴平台通过对用户行为的分析驱动精准营销，以超30%的广告收入占比在众多数字广告平台中脱颖而出，成为中国数字广告产业的重要模范平台[①]。2023年上半年，阿里巴巴数字广告收入约450亿元，同比增长约5%，仍位居行业第二，但增速低于字节跳动（20%）。2023年下半年开始，字节跳动凭借短视频广告快速崛起，最终，字节跳动2023年的广告收入达600亿元，首次超越阿里巴巴平台成为行业第一。此外，拼多多、美团等平台的广告收入增速

---

① 数据来源于搜狗百科，https://baike.sogou.com/v103402631.htm。

超15%，进一步分流市场份额①。虽然阿里巴巴仍是数字广告市场头部企业，但面临增长放缓与新兴平台冲击的双重压力。

阿里巴巴在数字广告领域的特色主要体现在电商生态整合、数据驱动能力及多元化广告形式，具体可归纳为以下三个方面。

一、电商场景深度绑定的广告生态

（一）全链路广告覆盖

阿里巴巴集团利用旗下淘宝、天猫等核心电商平台的强大资源，为商家提供了一个从搜索广告到展示广告，再到交易转化的完整闭环的广告服务，即"直通车"和"信息流广告"。直通车是一种基于关键词竞价的搜索广告服务，它允许商家通过出价竞争来提升自己商品在搜索结果中的排名。这种方式是，当消费者搜索相关关键词时，商家的商品能够更容易地被消费者发现，从而增加商品的曝光机会。信息流广告是一种结合用户浏览习惯和行为数据的广告形式，在用户浏览推荐页面时，系统会智能地推送与用户兴趣相匹配的商品广告。这种广告形式能够更加自然地融入用户的浏览体验中，提高广告的接受度和点击率，进而促进商品的交易转化。这些广告服务能使商家精准地触及那些具有高购买意向的潜在客户，从而有效提升商品的曝光率和销售转化率。

（二）促销活动联动

阿里巴巴通过精心策划的购物节活动，如"双十一""618"等，成功地营造了一种全民狂欢的购物氛围。购物节活动不仅吸引了大量消费者的关注，还促使商家纷纷加大广告投放力度，以期在大促期间获得更多曝光和销售机会。阿里巴巴平台通过提供限时折扣广告、主会场曝光等优质广告资源，可有效帮助商家提升广告的转化率，使广告效果在

---

① 数据来源于网络，https://www.163.com/dy/article/IFICFSFM05564KWH.html.

日常基础上实现了 3 倍至 5 倍的增长。限时折扣广告在阿里巴巴平台的购物节活动中扮演着非常重要的角色。这类广告通常以倒计时的方式呈现，营造出一种紧迫感，促使消费者在优惠即将结束前迅速做出购买决策。通过精准定位那些对特定商品感兴趣的潜在买家，限时折扣广告不仅提高了广告的点击率和转化率，还有效激发了消费者的购买欲望，为商家带来了可观的销售额。主会场曝光是阿里巴巴购物节活动的另一大亮点。在购物节期间，阿里巴巴平台会设立专门的主会场，集中展示参与活动的商家和商品。通过主会场曝光，商家可以获得更多的展示机会，吸引更多的潜在消费者。主会场通常被设计得美观大方，商品分类清晰，方便消费者快速找到自己感兴趣的商品。此外，主会场还会根据消费者的浏览历史和购物偏好，智能推荐相关商品，进一步提升广告的精准度和转化率。这种曝光方式不仅为商家带来了可观的流量和销售，也增强了消费者对平台的信任和黏性。这些促销活动与广告投放的紧密联动，不仅增强了电商平台的活跃度，同时也为消费者提供了更多优惠和便利，实现了平台、商家和消费者三方共赢的局面。

二、数据驱动的精准营销能力

（一）用户画像与行为分析

通过整合消费、支付、物流等全域数据，阿里巴巴构建了一个覆盖超过 10 亿用户的精细化标签体系。这一体系不仅支持地域定向，而且能够根据用户的兴趣和消费能力等多维度地进行精准投放，从而帮助品牌更有效地触达目标消费者。阿里巴巴利用先进的机器学习算法，对用户画像进行持续优化和更新。通过深入分析用户的购物习惯、搜索记录以及社交媒体行为，平台能够实时捕捉到用户的兴趣变化和潜在需求。动态的用户画像构建使广告投放更加灵活和个性化，进一步提升了广告的吸引力和转化率。

（二） AI 优化投放效果

阿里巴巴平台运用尖端的机器学习算法，能够实时调整广告的出价策略和展示策略。2024 年的统计数据显示，AI 智能优化使阿里妈妈（阿里巴巴旗下广告平台）在"双十一"期间实现了广告点击率提升 30%、转化率提升 20%[①]的良好业绩。此外，AI 还能够预测不同时间段和地域的广告效果，自动调整广告预算分配，确保广告资源的高效利用。智能化的投放方式不仅大幅提升了广告效率，也为广告主节省了大量成本，实现了广告效果的最大化。

三、B2B 与跨境广告的差异化布局

（一） 国际站广告策略

借助网站 Alibaba.com 的 P4P（按效果付费）广告服务，阿里巴巴助力外贸企业精准对接海外买家，实现广告投入与成效的最优匹配，进而提升转化率和市场竞争力。此外，阿里巴巴集团还整合了多语言 SEO 优化和社交媒体推广（如 LinkedIn、TikTok），以扩大品牌的国际知名度，通过精准定位和内容营销策略，增强品牌在目标市场的认知度和影响力。

2024 年 5 月，库洛游戏面向全球同步发行开放世界 RPG（角色扮演游戏）《鸣潮》，通过多元化达人营销实现游戏公测期间高曝光，发掘不同地区的潜在玩家，首发当天海外全平台流水即破亿元，次月登顶全球收入增长榜。

中国跑鞋品牌"特步"在迈向东南亚市场的过程中，通过整合海外流量和服务资源，策划了一系列联动跑圈 KOL 的营销，带动自发社媒种草效应，使销售额实现倍数级增长，在东南亚本土跑圈一炮而红。

---

① 数据来源于网络，https://www.toutiao.com/article/7394835394434449932/.

进入东南亚市场的保健品赛道"新星"——Cool‑Vita，凭借高效投流、短剧种草等数字化营销手段，高效圈住社交媒体平台流量，不断沉淀品牌影响力，三年内成为 TikTok Shop、Shopee 等多个平台保健品类目的领先者。

上述品牌之所以能够在海外表现突出，营销差异化传播是主要原因。这些企业虽然所在领域不同，但都做了同一件事情：数字化差异营销。《鸣潮》强化了多元化达人营销；特步联动跑圈开展 KOL 营销，打造了差异化品牌亮点；Cool‑Vita 深度布局海外社媒，为中国企业出海带来强大动能。

（二）B2B 广告形式创新

阿里巴巴集团不仅在 1688 等平台推出了针对不同行业的专业频道广告，还提供了企业名片展示服务。这些服务旨在满足工厂和批发商在品牌推广方面的需求。通过这些创新的广告形式，阿里巴巴集团帮助商家在激烈的市场竞争中脱颖而出，获得了更多的商机和品牌曝光率。阿里巴巴不断升级和优化平台的交易功能、支付系统和物流体系，利用大数据、云计算、人工智能等先进技术提升交易效率和用户体验。例如，阿里巴巴通过智能推荐算法，根据买家的采购历史和浏览行为，为其推送个性化的商品信息，大大提高了交易匹配度。

TikTok 定向投放广告，精准覆盖目标客户。B2B 营销的目标客户往往是特定行业的决策者。通过 TikTok 的广告投放工具，企业可以根据职位、行业、兴趣等因素精准定位这些决策者，将品牌信息直接推送给最相关的受众群体。这种定向投放能够提高广告的转化率，让营销预算花在刀刃上。TikTok 的广告工具提供了丰富的数据分析功能，企业可以通过这些数据了解广告的表现情况，如点击率、观看时长、互动率等情况，然后对这些数据进行分析，再不断优化广告内容和投放策略，确保每次推广都能达到最佳效果。

深入挖掘行业数据，洞察行业趋势。利用先进的数据分析和人工智能技术，广告商可深入挖掘行业数据资源，为企业提供全面、深入的市场行情和竞争状况，这是 B2B 服务企业的核心竞争力之一。这些分析有助于企业制定更加精准的广告策略并提升市场竞争力。

第四章
数据资产发展

随着全球化的加深、信息技术的发展和全球产业数字化转型的推进,数据已成为当前全球经济发展最为重要的新型要素。国家互联网信息办公室发布的《数字中国发展报告(2022年)》显示,中国的大数据产业规模在2022年已达1.57万亿元,数据产量达8.1ZB,全球占比达10.5%,数据产量比2021年增长22.7%,位居世界第二。因此,深刻认识数据资产的价值与发展态势,剖析其在发展过程中面临的机遇与挑战,明晰数据资产的交易与评估具有至关重要的意义。

第四章 数据资产发展

第一节 数据资产的概念和内涵

数据资产的概念最早由彼得森（Petterson，1974）[①] 正式提出。早期，受数字技术发展水平所限，学者们对数据资产的认识较为模糊，由于"信息""数字"和"数据"等被频繁混用，学界一度出现了"信息资产"[②]"数字资产"[③] 和"数据资产"[④] 的概念混用，后来还产生了数据资源、数字资本、信息资本等相近的概念。为了对数据资产的概念进行明确和统一，朱扬勇和熊赟（2009）[⑤] 首次提出数据应具备三大属性，即物理属性、存在属性和信息属性。基于数据的三大属性，信息资产、数字资产等概念均被数据资产涵盖。然而，单具备三大属性的数据实际上还不足以被界定为资产，要成为数据资产，数据还需具备会计学中有关资产定义的特征，其中较为重要的特征有：（1）资产预期会给会计主体带来经济利益或产生服务潜力；（2）资产应是会计主体拥有或者控制的资源；（3）资产是由会计主体过去的交易或者事项形成的；（4）与该资源有关的经济利益很可能流入企业；（5）该资源的成本或者价值能够可靠地计量[⑥]。而上述特征又可以总结归纳到三个核心要点

---

① Peterson R E. A cross section study of the demand for money: The United States, 1960 – 1962 [J]. The Journal of Finance, 1974, 29 (1): 73 – 88.
② Kaback S M. A User's Experience with the Derwent Patent Files [J]. Journal of Chemical Information and Computer Sciences, 1977, 17 (3): 143 – 148.
③ Meyer H. Tips for safeguarding your digital assets [J]. Computers & Security, 1996, 15 (7): 588.
④ Algan U. Anatomy of an E&P data bank: Practical construction techniques [J]. The Leading Edge, 1997, 16 (6): 901 – 903.
⑤ 朱扬勇，熊赟. 数据学 [M]. 上海：复旦大学出版社，2009.
⑥ 朱扬勇，叶雅珍. 从数据的属性看数据资产 [J]. 大数据，2018，4 (06): 65 – 76.

上,即数据要有价值、数据的权属清晰和数据的价值可度量。

基于资产应具备价值的特征和价值可度量的特征,CCSA TC601 大数据技术标准推进委员会在《数据资产管理实践白皮书》中,将数据资产(Data Asset)定义为由组织(政府机构、企事业单位等)合法拥有或控制的数据,以电子或其他方式记录,例如文本、图像、语音、视频、网页、数据库、传感信号等结构化或非结构化数据,可进行计量或交易,能直接或间接带来经济效益和社会效益。CCSA TC601 大数据技术标准推进委员会还指出,在组织中,并非所有的数据都构成数据资产,数据资产是能够为组织产生价值的数据,数据资产的形成需要对数据进行主动管理并形成有效控制。此外,由于数据资产具有传统资产所不具备的特征,因此,其价值的评估和计量并不完全遵从既有的会计、经济相关准则与标准,仍需要结合实践经验进行不断探索和创新[①]。至于数据的权属问题,《数据资产管理实践白皮书》中并未提及。数据资产的权属界定不清是数据要素化的最大障碍之一,数据资产的权属界定至今依然是学术界研究的焦点问题(熊巧琴和汤珂,2021[②];人民邮电,2023[③])。

第二节　数据资产的发展现状

数据资产化是一个复杂的过程。在这个过程中,数据要经历从原始

---

① 大数据技术标准推进委员会. 数据资产管理实践白皮书(6.0 版)[R]. 2023.
② 熊巧琴,汤珂. 数据要素的界权、交易和定价研究进展[J]. 经济学动态,2021(02):143 – 158.
③ 我国数据要素探索处于起步阶段　权属界定和估值流通等难题仍有待破解[N]. 人民邮电,2023 – 02 – 06(003).

数据到数据资源,再从数据资源到数据资产的两步跨越(见图 4-1)。目前,从全球范围来看,数据从原始数据到数据资源的过程已经随着当前数据收集、存储和处理技术的提升大大简化,但这一步跨越并不是数据资产化的难点。如何将数据资源转变为数据资产才是当前世界各国都面临的难题。要解决这一难题,关键在于如何对数据资产进行权属界定和价值评估。

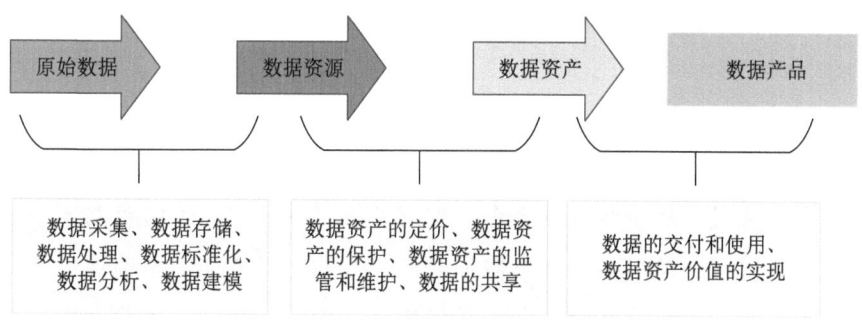

图 4-1　数据资产化流程示意图

目前,包括欧盟国家、美国、日本、韩国及金砖国家在内的多个经济体都已针对数据资产的权属问题进行了立法。中国在数据资产化方面的立法虽然起步晚于欧美,但近年已经赶上欧美发达国家的水平,并且中国正在着手解决数据资产化的另一个核心难题,即数据资产的定价问题。中国在数据资产定价领域已经走在了全球前列。2023 年,财政部制定并印发《企业数据资源相关会计处理暂行规定》(财会〔2023〕11号,以下简称《暂行规定》)。《暂行规定》明确了数据资源入表的适用范围、会计处理适用准则以及列示和披露要求,并于 2024 年 1 月 1 日起施行。一方面,《暂行规定》充分肯定了数据资源的多样化价值属性,包括企业使用的可纳入无形资产核算的数据资源、持有用于出售的可纳入存货核算的数据资源,以及虽暂未确认为资产但由企业合法拥有或控制,预期会给企业带来经济利益的数据资源;另一方面,《暂行规定》也审慎界定了数据资源相关投入可确认为数据资产的要求，如对无形资产类数据资源研究阶段和开发阶段支出的划分及对其使用寿命的重点关注等，为数据资产的建设指明了方向。可以预见，数据资源正式入表必将极大加速数据资产化发展进程[①]。

第三节　数据资产评估

数据资产评估作为衡量数据资产价值的重要手段，对企业和市场具有深远的意义。从企业角度来看，准确评估数据资产的价值有助于企业优化投资决策。通过精确评估数据资产，企业可以更加明智地规划资源投入的方向，了解哪些数据资产具备更高的价值，有助于企业做出更加合理的资源配置决策，确保投资能够产生最大的经济效益。强化数据管理、数据资产评估，可以为企业揭示数据的质量、相关性和可用性等重要信息，进而支持更高效的数据管理活动，包括数据的清洗、整合、存储和保护等，确保数据资产持续保持其应有的价值，并确保其随时可供使用。助力企业估值与并购。在并购交易中，数据资产的价值评估对确定企业的整体价值至关重要，特别是对以数据为核心的企业而言，数据资产可能占企业价值的重要部分，准确评估数据资产还可以确保并购交易中的定价更加公平合理。从市场角度来看，数据资产评估是数据交易的基础，公平合理的数据资产定价是交易双方达成交易意向的前提。随着数据要素市场的不断发展，数据交易日益活跃，准确的评估能够促进数据资产的流通和交易，提高数据资源的配置效率，推动数字经济的发展。数据资产评估还有助于提升市场的透明度和合规性。随着数据隐私

---

① 德勤会计事务所，数据资源"入表"在即，企业数据体系建设的新内涵与新路径．2023．

保护法规的不断加强,企业需要对其数据资产有更加清晰的认识,以确保合规。通过评估数据资产,企业可以更加明确地了解数据的来源、用途和存储方式,从而提升透明度,确保遵守相关法规。

然而,数字经济时代下的数据资产具有可加工性、不确定性、可复制性、时效性及更新性等特点[1],使其评估面临诸多复杂性和不确定性问题。因此,如何准确评估数据资产的价值,深入研究数据资产评估的方法,探究数据资产评估所面临的挑战等问题,具有重要的理论和实践意义。

一、数据资产评估方法[2]

(一) 成本法

成本法是基于形成数据资产的成本来评估其价值的方法,其核心思想是用现有资产的重置成本来衡量其价值。具体而言,成本法的估值基础是:先按照现时条件重新购置或重新建造一个完全相同的资产所需花费的成本,然后根据资产的经济寿命年限、已使用年限等因素进行贬值调整,从而得到资产的估值结果。成本法的优点是相对客观,评估过程较为清晰,操作相对简单(只需要计算资产的购置或建造成本,以及进行贬值调整),操作步骤较为简单明了(相较于收益资本化法和市场法,它不需要复杂的运算和大量专业数据)。但成本法没有充分考虑数据资产可能带来的未来收益,可能会低估数据资产的价值,尤其是对那些具有巨大潜在价值的数据资产。

(二) 收益法

收益法是基于数据资产的预期收益来确定其价值的方法。收益法通

---

[1] 梁松筠,李捷. 数据资产价值评估方法分析与比较 [J]. 老字号品牌营销,2024 (23):74–76.

[2] 数据资产评估方法的划分依据财政部的相关文件。

过预测数据资产在未来特定时期内可能带来的经济利益流入,并将这些未来收益按照一定的折现率折算成现值。收益法的优点在于,它考虑了数据资产未来的收益能力,能够反映数据资产的潜在价值。对于那些能够产生稳定收益的数据资产,如一些具有商业价值的数据产品或服务,采用收益法可以较为准确地评估其价值。收益法符合投资者对资产价值的预期。投资者购买数据资产往往是期望其未来能为自己带来收益,收益法的评估结果恰好与投资者的决策思路相契合。

但收益法也存在局限性。测算出来的与数据资产相关的未来现金流量有较大的主观性,评估结果难以把握,因为未来收益的预测受多种因素影响,如市场需求变化、竞争态势、企业经营策略等。这些因素的不确定性可能会导致预测结果存在较大偏差。对于没有交易或者收益难以用货币计量以及风险报酬率难以确定的情况,收益法也难以发挥作用。

（三）市场法

市场法是指通过比较被评估数据资产与最近售出（交易）的类似资产的异同,将类似资产的市场价格进行调整,从而确定被评估资产价值的一种资产评估方法。市场法的原理是,在一个充分发展、活跃的资产市场中,依据现有市场以及面临的市场条件,与被评估资产可比的资产及交易活动（参照物）,这时投资者可以通过对参照物成交价格进行调整,来确定被评估数据资产的价值。

市场法的优点是可以比较客观地反映资产目前的市场状况,市场法中需要用到的评价参数、指标可以直接在金融市场上获取,因此比较真实、可信[①]。然而,市场法的应用对市场环境的要求较为严格,需要有公开且活跃的市场作为基础。在进行影响因素比较、差异调整时,市场法受评估人员主观因素的影响较大,这在一定程度上影响其评估结果的

---

① 王蕾,李春波. 数据资产及其价值评估方法:研究综述与展望 [J]. 中国资产评估,2022（07）:4 - 10.

准确性。对于数据资产而言,因为其具有无形性、独特性等特点,市场上很难找到完全相同或相似的数据资产交易案例,且数据资产的交易往往涉及隐私、安全等问题,所以交易信息不公开,难以获取可比的市场数据,使市场法在数据资产评估中的应用受到很大限制。例如,对于一些专业性强、应用场景独特的数据资产,很难在市场上找到类似的交易案例,无法进行对照和参考。

二、数据资产评估的挑战

(一)非实物性与价值难以量化

数据资产与传统的有形资产不同,它不具备实物形态,是一种虚拟的存在,所以数据资产的价值难以像有形资产那样通过直观的物理属性来衡量。此外,IBM 提出的大数据 4V 特性,意味着数据资产的价值评估是一个难题。当前,客观且科学的数据资产价值评估体系和数据交易机制仍处于初期阶段,数据资产价值的衡量仍缺乏通用的解决方案[①]。

数据资产的价值受多种因素的影响,如数据的质量、应用场景、市场需求等。不同的数据资产在这些因素上存在很大差异,导致其价值评估缺乏统一的标准和方法。高质量的数据资产通常具有更高的价值,但如何准确衡量数据的质量,以及质量对价值的影响程度,目前还没有明确的量化指标。在电商领域,用户的购买行为数据、浏览历史数据等,其价值不仅取决于数据的数量,更重要的是数据的准确性、完整性和时效性。准确的用户购买行为数据可以帮助电商企业更好地了解用户需求,进行精准营销,从而提高销售额和利润;而不准确或不完整的数据可能会误导企业做出错误决策,导致资源浪费和市场机会的丧失。但对于这些数据的质量评估,目前还没有一套成熟的量化体系,更多地依赖

---

① 姚为培. 数据资产管理趋势[J]. 通信企业管理, 2023 (12): 58-59.

于企业的主观判断和经验。

（二） 时效性与价值波动

数据资产具有很强的时效性，其价值会随着时间的推移而发生变化。在快速发展的数字经济时代，市场环境、技术水平、用户需求等因素都在不断变化，数据资产所反映的信息也会逐渐失去时效性，导致其价值下降。在互联网行业，用户的行为数据和偏好数据的时效性非常强。例如，短视频平台用户的喜好和观看习惯的变化非常迅速，只有平台能够及时更新并分析用户数据，才能提供符合用户需求的内容推荐。如果平台的数据更新不及时，就可能导致所推荐的内容与用户兴趣不符，用户流失率增加，从而降低数据资产的价值。

数据资产的价值波动还受数据应用场景的影响。不同的应用场景对数据资产的需求和价值实现方式也不同，当数据资产的应用场景发生变化时，其价值也会相应波动。在医疗领域，患者的病历数据在临床诊断、医学研究等不同场景下具有不同的价值。在临床诊断中，病历数据的及时性和准确性对医生的诊断和治疗方案至关重要。而在医学研究中，病历数据和大量样本的长期积累对研究疾病的发病机制和治疗效果更有价值。当病历数据从临床诊断场景转移到医学研究场景时，其价值的评估标准和实现方式也会发生变化，导致数据资产价值波动。

第四节 数据资产交易

一、数据资产交易的重要性

在数字经济蓬勃发展的时代，数据已成为关键的生产要素，数据资产交易作为数据要素市场化配置的核心环节，正逐渐崭露头角，成为推动经济增长和创新发展的新引擎。随着信息技术的飞速发展，全球数据量呈爆发式增长态势。国际数据公司（IDC）的研究报告显示，2025年全球数据总量预计将达到175ZB，如此庞大的数据资源蕴含着巨大的经济价值，为数据资产交易奠定了坚实的物质基础。

数据资产交易在当今数字经济时代下具有不可忽视的重要性。从宏观层面看，它是推动数字经济发展的关键力量。通过数据资产的交易，能够实现数据资源的优化配置，促进数据在不同行业、不同领域间的流动与共享，从而激发数据要素的活力，推动产业升级和创新发展，提升整个社会的经济效率和竞争力。在微观层面，数据资产交易给企业带来了新的发展机遇和竞争优势。企业通过参与数据资产交易，可以获取更多有价值的数据，丰富自身的数据资源库，为企业的精准营销、产品研发、客户关系管理等提供有力的数据支撑。

二、数据资产交易的现状

近年来，全球数据资产交易市场呈现蓬勃发展的态势，市场规模持续扩大。《2024年中国数据交易市场研究分析报告》[1]显示，全球数据交易市场规模呈现持续增长的态势。2023年，全球数据交易规模约1261亿美元，预计2025年将攀升至1779亿美元，2030年则有望突破3708亿美元。

从区域格局来看，北美地区在全球数据交易市场中占据重要地位，2023年其市场规模占全球的44.5%。凭借强大的技术创新能力以及众多领先的互联网企业，美国在数据的收集、处理与应用层面优势显著，海量的数据资源与先进的算法技术助力其数字经济蓬勃发展。

---

[1] Frost & Sullivan，上海数据交易所等.2024年中国数据交易市场研究分析报告［R］.2024.

与此同时，亚洲数据交易市场增长势头迅猛，已成为全球数据交易市场的重要推动力量之一，2023年占全球比重达27.4%。其中，中国在亚洲数据交易市场中占据主导地位。随着数字经济的快速发展，中国在电商、金融科技、智能制造等领域积极推动数据的深度应用与创新，数据量急剧增长。

从技术层面看，大数据、人工智能、物联网等新兴技术的飞速发展为数据资产交易提供了强大的技术支撑。大数据技术使数据的存储、处理和分析能力大幅提升，能够从海量的数据中挖掘出有价值的信息，为数据资产的价值实现提供了可能。例如，通过大数据分析技术，企业可以对消费者的行为数据进行深入分析，了解消费者的需求和偏好，从而实现精准营销，提高市场竞争力。人工智能技术的发展进一步推动了数据资产的智能化应用，如智能客服、智能推荐系统等，这些应用不仅提高了企业的运营效率，也为数据资产的交易创造了更多的应用场景。物联网技术的普及使设备之间能够实现互联互通，产生了大量的设备数据，这些数据经过处理和分析后，可成为数据资产交易的重要内容。

在市场需求方面，随着数字经济的深入发展，各行业对数据资产的需求日益旺盛。企业为了在激烈的市场竞争中占据优势，需要大量的数据资产来支持业务决策、产品创新和市场拓展。例如，金融机构需要客户的信用数据、交易数据等，以评估客户的信用风险，制定合理的信贷政策；电商企业需要用户的购买行为数据、浏览数据等，以实现个性化推荐，提高用户的购买转化率。同时，政府部门在公共服务、城市管理、政策制定等方面也对数据资产有着广泛的需求。例如，政府部门可通过分析交通数据、人口数据等，优化城市交通规划，提高公共服务的质量和效率。

政策环境的不断完善也为数据资产交易市场的发展提供了有力保障。各国政府纷纷出台相关政策法规，鼓励数据要素的流通和交易，规范数据资产交易市场的秩序。例如，欧盟出台了《通用数据保护条例》

（GDPR），在加强数据保护的同时，也为数据的合法交易提供了法律框架。我国也发布了一系列政策文件，如《中共中央、国务院关于构建数据基础制度更好发挥数据要素作用的意见》等，明确提出要建立健全数据要素市场体系，促进数据要素的市场化配置。这些政策法规的出台，为数据资产交易市场的健康发展营造了良好的政策环境。

全球数据资产交易市场规模的快速增长是技术、市场和政策等多方面因素共同作用的结果。未来，随着各方面条件的不断优化，数据资产交易市场有望迎来更加广阔的发展空间，成为推动数字经济发展的重要力量。

三、主要数据资产交易平台的运营模式

目前，中国有四家国家级数据交易所，分别是上海数据交易所、北京国际大数据交易所、深圳数据交易所和贵阳大数据交易所。在全球范围内，众多数据资产交易平台如雨后春笋般涌现，它们在推动数据资产流通和价值实现方面发挥着至关重要的作用。其中，贵阳大数据交易所于 2015 年 4 月 15 日正式成立，是全球首家大数据交易所，现已在 11 个省市设立了服务分中心，为全国会员单位提供包括数据交易、结算、交付、安全保障等在内的综合服务。2020 年 9 月 29 日，北京国际大数据交易所（以下简称北数所）成立，旨在推进大数据交易基础设施建设，促进数据市场化流通。2022 年，深圳数据交易所正式成立，旨在加快数据要素在粤港澳大湾区的集聚与流通。2023 年 4 月 24 日，上海数据交易所（以下简称上海数交所）国际板启动建设，上海数交所采用公司制架构，旨在成为全球数据交易的重要枢纽。

北京国际大数据交易所采用国资主导的公司制，致力于打造全程上链的区块链交易系统，以解决数据交易中的确权难和互信难问题。北数所开发的基于区块链和隐私计算的数字交易合约和数字交易系统 IDeX，确保了交易全程可追溯，实现了敏感数据的可用不可见。在交易规则方

面，北数所对交易主体的资质审查极为严格。根据《北京数据交易服务指南》，参与交易的数据提供方需具备合法的数据来源，数据使用方需明确数据使用的目的和范围，并遵守相关的数据安全和隐私保护规定。例如，某企业若要在北数所出售用户行为数据，必须提供数据采集的合法授权文件，以证明其数据来源的合法性。在交易流程上，北数所引入了数据托管、数据经纪、价值评估和尽职调查等中间服务商，形成了完善的中介服务生态。数据资产在进入交易环节前，需经过专业的价值评估机构进行估值，为交易定价提供参考。交易完成后，数据托管服务商负责确保数据的安全交付和存储。

上海数据交易所首创了"数商"模式，通过构建数据交易生态来促进数据资产的流通。上海数交所充分利用长三角地区发达的数字经济优势，在交易机制和交易系统上引入隐私计算和区块链技术，打造了先进的数据交易体系。在交易规则上，上海数交所对数据产品的合规性审查十分严格。根据《上海市数据条例（草案）》，数据交易主体对合法处理数据形成的数据产品享有财产权，这为数据交易提供了权属保障。

在交易规则方面，各主要数据资产交易平台普遍遵循数据安全和隐私保护的原则。所有参与交易的数据必须经过脱敏、加密等处理，确保数据主体的隐私安全。在数据权属方面，该条例明确规定了数据提供方对数据的所有权和使用权，数据使用方在授权范围内使用数据，不得擅自转售或用于其他目的。交易流程一般包括数据挂牌、询价、交易撮合、合同签订、数据交付和结算等环节。在交易撮合环节，部分平台采用智能匹配算法，根据交易双方的需求和条件，快速实现交易匹配。

从服务内容来看，数据资产交易平台不仅提供数据交易的场所，还提供一系列配套服务。除了上述提到的价值评估、数据托管、数据清洗等服务外，还包括数据咨询、技术支持等服务。一些平台还建立了数据资产交易的培训体系，为数据交易从业者提供专业培训，提升行业整体素质。例如，上海数据交易所定期举办数据交易师培训课程，培养专业的数据交易人才。

目前,几个主要的数据资产交易平台的运营模式还在不断创新和完善,以适应数据资产交易市场的发展需求。通过严格的交易规则和丰富的服务内容,这些平台为数据资产交易提供了安全、高效、便捷的环境,促进了数据资产的流通和价值实现。

四、数据资产交易面临的挑战

(一) 数据权属界定模糊

数据权属的界定是数据资产交易的核心基础,但目前这一领域仍存在诸多模糊之处。数据资产普遍具有收益权、使用权、所有权等相分离的特征,同时,数据的产生、传输、使用和价值变现存在多个环节和参与方,增加了数据资产的确权难度[1]。当电商平台将用户数据提供给第三方合作伙伴用于精准营销时,数据的权属关系将变得更加复杂。第三方合作伙伴基于数据的使用获得了商业利益,但其对数据的权利范围和使用限制并不清晰。数据流转过程还可能涉及数据的二次加工和衍生数据的产生,这些衍生数据的权属同样存在争议。

数据权属界定模糊对数据资产交易产生了多方面的负面影响。在交易合法性方面,由于权属不明,交易双方可能无法确定自己对数据的权利是否受到法律保护,这使交易存在潜在的法律风险。一旦发生纠纷,交易双方可能因无法证明自己对数据的合法权属而面临法律追责。在数据交易市场的信任机制方面,权属模糊可能会使市场参与者对数据交易的安全性和可靠性产生疑虑,从而降低市场的信任度。买家在购买数据时,担心买到的数据存在权属争议,从而影响其使用和价值实现。卖家也可能会担心数据权属问题引发的法律纠纷,进而不敢轻易进行数据交

---

[1] 代飞,赵鑫. 企业数据资产价值创造的机制与路径:基于决策视角[J]. 财会通讯,2025:8.

易。这种信任缺失阻碍了数据资产交易市场的健康发展,降低了市场的活跃度和效率。

（二）数据交易的安全性与隐私保护问题

在数据资产交易过程中,安全隐患和隐私保护难题已成为制约其健康发展的重要因素。数据泄露是最为突出的安全风险之一。随着数据资产交易的日益频繁,数据在传输、存储和使用过程中面临诸多安全威胁。黑客攻击、恶意软件入侵等网络安全事件时有发生,导致大量数据泄露。例如,2017年美国Equifax公司的数据泄露事件中,约1.47亿消费者的个人信息被泄露,包括姓名、社会安全号码、出生日期、地址等敏感信息。此次事件不仅给消费者带来了巨大的损失,如身份被盗用、信用卡欺诈等,也使Equifax公司面临巨额赔偿和法律诉讼,对其商业信誉造成了严重损害。

数据篡改也是不容忽视的安全问题。在数据资产交易中,数据的完整性至关重要。然而,不法分子可能会通过技术手段对交易数据进行篡改,以达到非法目的。例如,在金融数据交易中,篡改交易数据可能导致交易结果错误,损害交易双方的利益。在股票市场中,恶意篡改股票交易数据,如交易量、价格等,可能会误导投资者的决策,破坏市场的公平性和稳定性。

在数据资产交易中,隐私保护也面临严峻的挑战。在数据交易过程中,如何确保数据主体的隐私不被泄露是一个关键问题。个人数据包含了大量的敏感信息,如姓名、身份证号、电话号码、健康状况等。这些数据一旦被非法获取和使用,将给个人造成严重的侵害。在医疗数据交易中,如果患者的医疗记录被泄露,可能会使患者的隐私曝光,影响其个人生活和就业。一些企业在数据交易中可能会过度收集和使用个人数据,忽视数据主体的隐私保护,导致数据主体的知情权和选择权得不到保障。

解决数据交易中的安全性和隐私保护问题具有紧迫性。从经济角度来看，数据安全和隐私保护问题直接影响数据资产交易市场的健康发展。数据泄露和隐私侵犯事件会降低市场参与者的信任度，阻碍数据资产的流通和交易。如果企业担心购买的数据存在安全风险和隐私问题，就会对数据交易持谨慎态度，从而影响数据资产交易市场的活跃度和规模。从社会角度来看，数据安全和隐私保护关系到广大民众的切身利益。数据泄露和隐私侵犯事件会给个人带来经济损失、名誉损害等不良后果，甚至引发社会不稳定。因此，加强数据交易的安全性和隐私保护，是维护社会公平正义和稳定的需要。从法律角度来看，与数据保护相关的法律法规仍在不断完善中，这对数据交易中的安全和隐私保护提出了更高的要求。企业和机构在进行数据资产交易时，必须遵守相关法律法规，否则将面临严厉的法律制裁。

第五节 数字资产保护的法规与政策

一、全球数据资产保护的政策法规

目前，在全球范围内，数据资产的保护都是一个政策法规实践的前沿问题。囿于数据技术发展迅猛和数据资产定价手段的不成熟，全球主要国家（地区）都尚未制定直接针对数据资产法律保护的文件。但这不代表各国不重视数据资产的保护，而是早已将对数据资产的保护融入保护个人隐私和数据主权的法规之中。目前，除中国以外，已经有14个国家针对数据保护问题制定了80余项法规政策[①]。美欧国家对数据

---

① 《2022年国外数据安全政策研究报告》.

资产保护政策的制定意识远强于中国等发展中国家，如美国在1974年修订的《隐私法案》中就明确了数据保护问题上的信息主体的权利和政府的义务，德国、英国等国也在二十世纪七八十年代先后制定了《联邦个人信息保护法》和《数据保护法》，中国和印度等发展中国家直到近20年才意识到应该制定相关的法规政策。

从目前全球主要国家制定的关于数据资产保护的法规政策（见表4-1）来看，全球各国对数据资产的保护呈现三大特征。

首先，在立法意识上，各国数据资产保护的法律意识呈现加强和扩散的趋势，尤其是近十年，已经制定数据资产保护政策的西方国家加快了其政策修订和制定新法规的速度，不断完善其数据资产保护的法律文件，同时，巴西、印度、俄罗斯等发展中国家也开始加速建立属于本国的数据资产保护法律法规。

其次，在立法重点上，各国对数据的保护以个人隐私数据和国家安全数据为重心，着重保护涉及个人数据的数据资产和涉及国家安全的数据资产，严格限制企业和个人滥用个人数据和泄露国家秘密数据。

表4-1　全球主要国家（地区）的数据资产保护的法规政策

时间	法规	国家	主要内容
1974年	《隐私法案》	美国	明确了信息主体的主要权利、政府机构的主要义务以及民事救济措施等内容，对政府机构应当如何收集个人信息，什么内容的个人信息能够被储存，收集到的个人信息如何向公众开放及信息主体的权利等都做出了比较详细的规定。限制披露各机构保存的个人信息记录，赋予个人更多访问机构保存记录的权利，授予个人修改信息记录的权利，要求政府机构遵守收集、维护和公开记录的法定规范
1976年	《联邦个人信息保护法》	德国	该法将个人信息的侵权行为分为两大类，即行政侵权行为和民事侵权行为。该法对两种侵权行为发生的损害赔偿进行了明确的区分，分别规定不同的归责原则和赔偿范围

续表1

时间	法规	国家	主要内容
1984年	《数据保护法》	英国	给予公民更多的个人信息控制权,如"知情-同意"权、数据可携权、被遗忘权、用户画像的发言权等 完善了对企业利益的保护:新法案完善了1998年《数据保护法》对公、私企业的相关要求,以适应数字经济发展的需要,帮助企业更好地保护个人数据,提升企业的声誉和业务增加对监管机构即英国个人数据保护机构信息专员办公室(ICO)的授权,使其获得更多的权力来维护消费者利益,包括调查权、民事处罚权、刑事追责等,同时,强化对违法行为举报人的保护,对最严重的违规行为进行高达1700万英镑或全球营业额4%的罚款 为刑事司法机构设定了专门的数据保护框架,新法案考虑到刑事司法机构为惩治犯罪行为而需要收集、使用、分享数据和信息的情形,为其量身定做了出于执法目的而处理数据的框架
2011年	《个人信息保护基本法》	韩国	共10章节76条,主要包括个人信息保护原则、数据主体权利、国家责任和与其他法律关系、隐私策略制定、个人信息处理和安全管理、数据主体权利保障、信息通信服务提供者等处理个人信息的特殊情况、个人信息纠纷调解委员会、个人信息集体诉讼等,制定了个人信息的管理、个人信息的安全措施、信息主体的权利保障、个人信息的团体诉讼等制度,旨在保护所有公民的个人信息权益,以防信息收集、泄露、不当使用与滥用。法律的适用范围涵盖公共与私人部门管理的一切个人信息,通过规定与个人信息的处理和保护有关的事项,保护个人的自由和权利,实现个人的尊严和价值
2015年	《个人信息保护基本法》	日本	强调对个人数据的保护和控制,并规定了责任方
2015年	《个人数据保护法》	巴西	规范和管控个人数据,对数据泄露和与个人信息保护不符的行为进行严格判罚

续表2

时间	法规	国家	主要内容
2016年	《通用数据保护条例》(即GDPR)	欧盟	强调数据主体(个人)的权利、数据保护官的职责和数据控制者的义务,并对违法行为设立了巨额罚款。同时,GDPR还规定了数据处理和存储的限制和规范,强调了公司应该积极采取有效措施保护个人数据免遭盗窃或滥用等安全问题
2017年	《印度数据保护框架白皮书》	印度	提出数据保护框架的七大原则:技术不可知原则、整体应用原则、知情同意原则、数据最小化原则、控制者责任原则、结构化执行原则和威慑性惩罚原则。《印度数据保护框架白皮书》规定了数据保护地域范围应适用于印度领域内,还是可适用于领域之外;规制了在印度没有常驻地的外国机构处理印度居民数据;对于数据保护主体范围应适用于自然人还是法人,公共机构和私人机构应该由一般法律规制还是分别立法规制;数据保护法是否应该溯及既往;是否应该给予一定的宽限期,《印度数据保护框架白皮书》广泛征询了意见 明确个人数据、个人敏感数据、数据处理、数据控制者和数据处理者定义。对关键定义的阐述,需参照印度《信息技术(合理的安全实践和程序及敏感个人数据或信息)规则》(即SPDI规则)、欧盟GDPR等多项法律文件 提出数据保护豁免:列举个人数据保护的豁免情形,例如以家庭、新闻、艺术或文学、学术研究、历史学、统计、刑事调查保护或国家安全为目的进行的数据处理。属于上述豁免情形的,该类数据应合法获取,且法律已给予该类个人数据足够的保护 规定跨境数据流动细则:对于是否应该在数据保护法中设置专门的跨境数据流动促进条款,如何设置标准、门槛或测试予以保护;对于一些特殊类型的数据,如个人敏感信息是否应该禁止跨境流动,《印度数据保护框架白皮书》广泛征询了意见 数据处理、机构义务和个人权利:包括同意、儿童同意、通知、目的说明和限制使用、个人敏感数据处理、存储限制和数据质量、个人参与权等 监管和执行:《印度数据保护框架白皮书》在执行方式、职责承担、执行工具、审判程序、救济手段等方面提出了建议

续表3

时间	法规	国家	主要内容
2018年	《个人信息保护和电子文件法》	加拿大	加强了对个人数据保护的规范和建议,并在规定时效内强制所有公司实行相关的数据保护措施
2018年	《个人数据保护法》	印度	明确法案的适用范围:在印度境内进行的个人数据收集、披露、共享、处理活动;由印度各邦、公司、公民或其他个人以及根据印度法律成立的团体进行的个人数据处理活动;在印度进行的业务、向印度数据主体提供商品或服务的活动、与印度境内数据主体画像活动有关的个人数据处理活动。但法案不适用于匿名数据的处理 明确数据受托人对数据主体应承担的数据保护义务:确保数据受托人必须以符合数据主体的最佳利益行事,主要包括处理个人数据的禁止行为、处理个人数据目的的限制、收集个人数据的限制、收集或处理个人数据的通知要求、处理的个人数据质量、保留个人数据的限制、数据受托人的责任、处理个人数据所必须同意的事项 明确数据主体的权利:规定数据主体的权利和行使权利的一般条件,包括确认和访问权、数据可移植权、被遗忘权、纠正权、删除权、申诉权等。其中,删除权是当处理目的不再需要时可删除其个人数据的权利,作为数据主体限制或阻止数据受托人继续披露个人数据"被遗忘权"的补充 个人数据跨境传输:法案提出个人数据跨境传输须在境内留有副本。每个数据受托人应确保在位于印度的服务器或数据中心存储至少一份个人数据服务副本。法案规定,关键个人数据仅能在位于印度的服务器或者数据中心处理。此外,法案给予政府对个人数据出境的自由裁量权 提出最严厉的处罚措施:法案规定任何未经客户同意而共享客户数据的组织将被处以1.5亿卢比的罚款或占其全球营业额4%的罚款。数据泄露的处理、报告延迟将处以5000万卢比的罚款或占全球营业额2%的罚款

续表4

时间	法规	国家	主要内容
2019年	《联邦数据保护法》(修订)	德国	保护的直接客体并非一般意义上的数据,而是与个人具有关联性的个人数据。按照旧版《联邦数据保护法》定义,个人数据是指与一个已识别或可识别的自然人具有个人化或实质化关联的各种具体数据。新版《联邦数据保护法》删除了对个人数据的定义条款,但是"个人数据"这一概念仍然是该法自始至终所使用的基本概念。立法目标和保护客体决定了该法保护权益的特殊性。该法出台前,立法材料中明确提到,鉴于技术的进步,立法应当采取适当措施保护数据处理过程中个体的私人领域不受侵犯,即一般人格权在私生活领域的具体化。随着社会的发展,在自动化数据处理的现代条件下,人格的自由发展取决于个人有权对抗对其个人信息无限制的搜集、储存、使用与传送,即个人信息自决权理论。这一转变意味着德国将保护个人数据上升到宪法基本权利加以确证。明确侵犯公民个人信息自决权行为的犯罪构成要件和罚则。在GDPR生效后,为实现欧洲法律的协调化发展目标,该法对罪刑条款大幅度修正。规定在未经授权的情况下,以营利的方式,故意将非开放的个人数据传输给第三方或通过其他方式使其开放,处3年以下自由刑或罚金刑
2020年	《通用数据保护条例》	英国	英国GDPR下,数据主体的权利与欧盟GDPR赋予数据主体的权利大致相似,包括知情权、访问权、更正权、删除权、数据可移植性、不受自动决策影响的权利以及反对或选择退出的权利。但英国GDPR对部分内容做了更改。对访问权的修改:访问数据主体的个人数据将"影响公司金融工具的价格或相关行动决定","损害英格兰银行特定职能"的情况不允许数据主体访问;对更正权的修改:"损害旨在保护公众的特定功能"或"与披露个人数据的法定义务相悖"等情况不允许更正其个人数据

续表 5

时间	法规	国家	主要内容
2021 年	《消费者数据保护法》	美国	赋予消费者访问、更正、删除和获取个人数据副本的权利，明确消费者享有自由选择出售自身个人数据以及允许自身个人数据用于定向广告或分析决策的权利
2021 年	《统一个人数据保护法》	美国	适用范围：个人数据主体所持有的个人数据，个人数据主体的访问权和更正权，假名数据，兼容、不兼容和禁止的数据实践，收集控制者、第三方控制者和实践者的责任，自愿共识标准，执行和规则制定。该法适用于在该州范围内的由数据控制者或者数据处理者开展的活动，包括商务、生产产品或者为本州居民提供服务

资料来源：作者整理。

最后，在立法和执法弹性上，各国对涉及个人隐私和国家安全的数据已采取严格管控，而对不涉及个人隐私和国家安全的数据则实行了宽泛管理，并建立了数据使用特例条款，允许企业在对个人隐私数据脱敏后合法用于商业用途，也允许政府在特定情况下收集、处理和调用个人隐私数据。

二、中国的数据资产保护政策

当前，我国针对数据资产的立法工作还处于探索阶段。囿于数据资产的确权难题，我国的法律体系尚未针对数据资产制定直接的保护法规。已有法律对数据资产的保护主要从人身权和隐私权出发，以《民法典》和《数据安全法》《个人信息保护法》三部法律为基本框架。2021 年 1 月 1 日起施行的《民法典》第一百一十条规定，数据受法律保护，个人电子信息在收集、使用、处理、传输、披露、保护等活动中，应当符合法律、行政法规的规定，并得到个人信息主体的知情同意；第一百二十七条规定，法律对数据、网络虚拟财产的保护有规定的,依照其规定。在《数据安全法》和《个人信息保护法》中,有关数据资产保护的内容与《民法典》大体一致。基于上述三部法律,目前我国针对数据资产的可诉性法律体系主要围绕人身权,鲜有以"财产权"确权、给付等侵权行为可诉性内容①。为了解决我国当前正面临的数据资产保护法律缺失的困境,我国政府和立法机构在积极探索。由于数据中包含了多种综合的、复杂的权益类型,虽然《民法典》未将数据权益简单归属于已经显名的民事权利,但我国行政部门和地方有关部门也通过多部行政法规、地方性法律、地方政府部门规章的具体规定,对数据资产展开立法探索和综合性保护(见表4-2)②。

表4-2　　关于数据资产保护的行政部门和地方性部门规章

时间	政策/法规	机构	主要内容
2022年	《关于构建数据基础制度更好发挥数据要素作用的意见》	国务院	该意见提出探索建立数据产权制度,推动数据产权结构性分置和有序流通,推进数据分类分级确权授权使用和市场化流通交易,健全数据要素权益保护制度,逐步形成具有中国特色的数据产权制度体系。该意见提出建立数据资源持有权、数据加工使用权、数据产品经营权等分控的产权运行机制,推动建立企业数据确权授权机制。对于各类市场主体在生产经营活动中采集加工的不涉及个人信息和公共利益的数据,市场主体应享有依法依规持有、使用、获取收益的权益,保障其投入的劳动和其他要素贡献获得合理回报,加强数据要素供给激励

---

① 王佑强. 数据的法律界定及其保护 [EB/OL]. 锦天城. 2020年7月26日. https://www.allbrightlaw.com/CN/10475/93b93cce4e93bddf.aspx.
② 彭明致,艾迪,2023,德恒律师事务所. https://www.dehenglaw.com/CN/tansuocontent/0008/028830/7.aspx? MID=0902.

续表1

时间	政策/法规	机构	主要内容
2022年	《四川省数据条例》	四川省	第三十八条 自然人、法人和非法人组织可以依法使用、加工合法取得的数据；对依法加工形成的数据产品和服务，可以依法获取收益。自然人、法人和非法人组织在使用、加工等数据处理活动中形成的法定或者约定的财产权益，以及在数字经济发展中有关数据创新活动取得的合法权益受法律保护。自然人、法人和非法人组织使用、加工数据，应当遵守法律、法规，尊重社会公德和伦理，遵守商业道德，诚实守信，不得危害国家安全和公共利益，不得损害他人的合法权益
2022年	《广西壮族自治区大数据发展条例》	广西壮族自治区	第四十四条 自然人、法人和非法人组织对其合法取得的数据，可以依法使用、加工。法律、法规另有规定或者权利人另有约定的除外。自然人、法人和非法人组织可以依法开展数据交易活动。法律、法规另有规定的除外 第四十五条 自然人、法人和非法人组织对其合法处理数据形成的数据产品和服务享有法律、法规规定的财产权益，依法自主使用、处分
2022年	《陕西省大数据条例》	陕西省	第三十六条 市场主体合法处理数据形成的数据产品和服务，可以依法交易，有下列情形之一的除外：（一）交易的数据产品和服务包含未依法获得授权的数据；（二）交易的数据产品和服务包含未依法公开的数据；（三）法律、行政法规规定禁止交易的其他情形
2022年	《辽宁省大数据发展条例》	辽宁省	第三十一条 依法保护数据处理市场主体在使用、加工等数据处理活动中形成的法定或者约定的财产权益，以及在数字经济发展中有关数据创新活动取得的合法财产权益 第三十三条 数据处理市场主体对合法处理数据形成的数据产品和服务，可以依法自主使用，取得收益，进行处分。依法获取的数据经处理无法识别特定数据提供者且不能复原的，可以交易、交换或者以其他方式开发利用。法律、行政法规另有规定的除外

续表2

时间	政策/法规	机构	主要内容
2022年	《重庆市数据条例》	重庆市	第三十三条 自然人、法人和非法人组织可以通过合法、正当的方式依法收集数据;对合法取得的数据,可以依法使用、加工;对依法加工形成的数据产品和服务,可以依法获取收益
2022年	《福建省大数据发展条例》	福建省	第十七条 依法获取的各类数据经处理无法识别被采集者且不能复原的,可以交易、交换或者以其他方式开发利用。公民、法人或者其他组织按照有关规定开发利用公共数据资源获得的合法收益,受法律保护。数据交易、交换应当遵守法律法规和社会公德,不得损害国家利益、社会公共利益和他人合法权益
2021年	《上海市数据条例》	上海市	第十二条 本市依法保护自然人对其个人信息享有的人格权益。本市依法保护自然人、法人和非法人组织在使用、加工等数据处理活动中形成的法定或者约定的财产权益,以及在数字经济发展中有关数据创新活动取得的合法财产权益
2021年	《山东省大数据发展促进条例》	山东省	第四十五条 县级以上人民政府应当依法推进数据资源市场化交易,并加强监督管理;鼓励和引导数据资源在依法设立的数据交易平台进行交易。数据交易平台运营者应当制定数据交易、信息披露、自律监管等规则,建立安全可信、管理可控、全程可追溯的数据交易环境。利用合法获取的数据资源开发的数据产品和服务可以交易,有关财产权益依法受保护
2021年	《安徽省大数据发展条例》	安徽省	第二十六条 依法获取的各类数据经过处理无法识别特定个人且不能复原的,或者经过特定数据提供者明确授权的,可以交易、交换或者以其他方式开发利用。数据交易应当遵循自愿、公平、诚信原则

续表3

时间	政策/法规	机构	主要内容
2020年	《山西省大数据发展应用促进条例》	山西省	第十一条 支持培育大数据交易市场，鼓励数据交易主体在依法设立的大数据交易平台进行数据交易。数据交易应当遵循自愿、公平和诚信原则，遵守法律法规，尊重社会公德，不得损害国家利益、公共利益和他人合法权益。依法获取的各类数据经过处理无法识别特定个人且不能复原的，或者经过特定数据提供者明确授权的，可以交易、交换或者以其他方式开发利用
2018年	《天津市大数据发展应用促进条例》	天津市	第二十九条 依法获取的各类数据经处理无法识别特定数据提供者且不能复原的，可以交易、交换或者以其他方式开发利用。数据资源交易、交换应当遵守法律法规规定和社会公德，不得损害国家利益、社会公共利益和他人合法权益
2016年	《贵州省大数据发展应用促进条例》	贵州省	第十八条 培育数据交易市场，规范交易行为。数据资源交易应当遵循自愿、公平和诚实信用原则，遵守法律法规、尊重社会公德，不得损害国家利益、社会公共利益和他人合法权益。数据交易应当依法订立合同，明确数据质量、交易价格、提交方式、数据用途等内容。推行数据交易合同示范文本
2022年	《厦门经济特区条例》	厦门市	第三十三条 自然人、法人和非法人组织对其合法处理数据形成的数据产品和服务享有法律、行政法规规定的财产权益。但是，不得危害国家安全和社会公共利益，不得损害他人的合法权益
2021年	《深圳经济特区数据条例》	深圳市	第五十八条 市场主体对合法处理数据形成的数据产品和服务，可以依法自主使用，取得收益，进行处分
2019年	《海南省大数据发展应用条例》	海南省	第三十九条 依法获取的各类数据经处理无法识别特定数据提供者且不能复原的，或经过特定数据提供者明确授权的，可以交易、交换或者以其他方式开发应用设区的市地方性法规

续表4

时间	政策/法规	机构	主要内容
2022年	《苏州市数据条例》	苏州市	第六条 自然人、法人和非法人组织依法享有数据资源持有、数据加工使用、数据产品经营等权益，获取与其数据价值投入和贡献相匹配的合法收益。自然人、法人和非法人组织开展数据处理活动、行使相关数据权利，应当遵守法律、法规，尊重社会公德和伦理，遵守商业道德和职业道德，不得危害国家安全和公共利益，不得损害他人的合法权益
2023年	《深圳市数据产权登记管理暂行办法（征求意见稿）》	深圳市	在"数据资源持有权、数据加工使用权、数据产品经营权等分置"的政策制定的基础上，明确了各项权利的定义与内涵：1.数据资源持有权，是指在相关数据主体的授权同意下，对数据资源管理、使用、收益和依法处分的权利。2.数据加工使用权，是指在授权范围内以各种方式、技术手段使用、分析、加工数据的权利。3.数据产品经营权，是指对投入实质性加工和创新性劳动形成的数据衍生产品占有、使用、收益和依法处分的权利

资料来源：德恒律师事务所。

2016—2023年，我国国务院、地方政府、自贸区和特区政府针对数据资产保护累计设立法规条例等近20件。这些法规条例在一定程度上填补了我国数据资产直接立法缺失的空白。从共性上看，目前，我国行政法规和地方性法规对数据资产保护的探索有以下主要原则和方向：

（1）遵循人格权高于财产权的共识，在数据资产使用过程中，如果人格权与财产权发生矛盾，应以人格权为优先权利考量；

（2）以数据资产的分权管理为发展方向，在立法上寻求对数据资产的持有权、使用权和经营权的产权分离；

（3）同时注重数据资产使用的安全与效率，数据资产的使用不能只考虑安全而牺牲数据要素的流通效率，同时也不能仅考虑效率而不考虑安全；

（4）探索通过资产定价的方式对数据资产进行财产性保护，立法部门正加速寻求合理的数据资产估值手段，从而对数据资产的内在价值进行价格确定，对数据资产进行财产性保护。

我国行政部门和地方性法规中对数据资产保护的共性原则和方向，很可能成为我国今后对数据资产直接立法的风向标。

第六节　数据资产交易典型案例

2021年11月25日，上海数据交易所正式揭牌成立，标志着中国在数据交易领域又迈出了重要一步。2022年1月26日，上海数据交易所有限公司成功完成工商注册，注册资本达到8亿元人民币。2023年1月3日，上海数据交易所宣布正式转入运营阶段。上海数交所采用公司制架构，致力于构建全球数据要素配置的重要枢纽节点，其"1+4+4"体系尤为引人注目，即：围绕建设国家级数据交易所的"一个定位"；强化准公共服务、全数字化交易、全链生态构建、制度规则创新"四个功能"；展现规范确权、统一登记、集中清算、灵活交付"四个特征"。上海数交所致力于为数据流通交易提供高效便捷、合规安全的服务，同时引导各方主体增加数据供给，培育发展"数商"这一新兴业态。2023年3月，大数据流通与交易技术国家工程实验室和上海数交所携手完成了国内首个数据交易链的一期建设，并正式上线运行。紧接着，在2023年4月24日，上海数交所国际板的建设正式启动，进一步拓展了其国际影响力。同年，上海数交所国际数商合作交流会在新加坡成功举行，彰显了其在国际数据交易领域的积极姿态。

一、首单数据产品知识产权质押融资

2024年12月,在上海市知识产权局的指导下,上海数据交易所携手工商银行上海分行及武汉分行成功实施了上海市首例数据产品知识产权质押融资案例[①]。这一业务不仅体现了《上海市数据产品知识产权登记存证暂行办法》的创新应用,而且也推动了科技金融和数字金融的发展,实现了新兴生产发展的关键步骤。

本次融资的核心资产包括武汉理工数字传播工程有限公司所拥有的数据产品知识产权——睿思数据平台。该平台是企业依托自身核心技术独立研发的数据服务产品,它以全国图书数据为基础,为出版行业提供全面的图书信息查询及可视化分析服务。

在本项业务中,企业利用上海数据交易所的数据资产交易服务系统(DAM),成功实现了数据产品知识产权的价值评估、资产交易、质押登记等全流程服务,从而完整地构建了企业数据产品知识产权的价值转化路径。上海数据交易所依托现有的"金准估"数据资产估值理论体系,充分考虑了数据知识产权的独特价值表现形式,并通过深入研究与分析,开发出一套科学、合理且具有针对性的数据知识产权估值模型。该模型为数据知识产权的交易、投资、质押等经济活动提供了坚实的价值参考。工商银行上海分行凭借专业的行业研究和风险评估,与武汉分行合作,为企业提供了1亿元的授信额度,促进了数据知识产权与金融服务的深度整合。

数据知识产权的质押融资不仅为企业开辟了新的融资途径,而且促进了数据知识产权在多种场景下的应用,这对发挥数据作为生产要素的乘数效应、促进新质生产力的形成具有深远的意义。

---

① 上海数据交易所,https://www.chinadep.com/bulletin/news/CTC_20250102144850401688.

二、推动国际数据双向流动

2024年8月,上海数据交易所与欧洲领先的另类数据聚合平台企业Eagle Alpha正式签署了战略合作协议[1]。双方将构建一个海外平台数据双向流动的合作机制,通过规则对接、供需匹配、信息共享等互联互通的措施,助力全球企业拓展数据跨境流通业务,增强企业在数据交付等方面的安全性和便捷性,推动全球数据流通交易。

另类数据指的是在投资研究领域中使用的非传统来源的新兴数据类型,近年来在金融市场中的应用日益广泛。Eagle Alpha成立于2012年,是全球领先的另类数据聚合平台企业,也是全球另类数据行业的标准制定者之一。其合作伙伴包括黑石集团(Blackstone)、施罗德集团(Schroder)等全球知名投资公司。Eagle Alpha平台上拥有超过1900种另类数据产品,覆盖社交媒体情绪分析、网络流量和电子商务数据、地理位置数据、卫星图像等多种类型的数据。这些数据被全球的资产管理公司、私募股权公司、企业和政府机构广泛采用,可帮助资产管理公司等在投资决策和市场分析中建立独特见解和深刻洞察,数据买家超过1000家。

上海数据交易所正在加速构建国际专区,促进与Eagle Alpha等国际领先数据供应平台之间的数据双向流动合作机制,以降低信息搜寻及其他交易成本。这将使企业在进行数据跨境流通业务时更加便捷和顺畅。凭借上海数据交易所在国际化、多元数据供应商生态和数据交易服务功能方面的优势,以及Eagle Alpha在数据供应和全球客户关系方面的资源,双方可共同打造跨境数据流通交易生态,为全球企业提供更广阔、更多样化的数据服务、技术服务以及综合解决方案。

---

[1] 上海数据交易所,https://www.chinadep.com/bulletin/news/CTC_20240807155245192560。

第五章
数据跨境流动发展

在全球数据急剧增长的背景下,数据的跨境流动成为包括中国在内的全球多国政府都极为关注的焦点问题,主要是出于两个方面的原因:一方面是因为数据的跨境流动会给各国带来巨大的经济增长潜力;另一方面,对于全球各国政府,尤其是发展中国家的政府来说,核心数据的跨境流动除了会给数据流出国带来极大的安全挑战,还可能使本国经济严重失衡。本章主要从数据跨境流动的内涵和发展现状、跨境数据流动的法规和政策以及数字贸易中的数据监管与治理三个方面进行分析。

第五章　数据跨境流动发展

第一节　数据跨境流动的概念和内涵

数据跨境流动,是指数据在全球范围内从一个国家(地区)传输、分享、存储、处理或访问至另一个国家(地区)的过程。这一过程涉及信息、数字内容或其他形式的数据,一般包括文字、图像、音频、视频等。其作用主要体现在以下五个方面:

①跨国公司运营。跨国公司通过数据的跨境流动来支持其全球化的商业运作,包括生产、供应链管理、市场营销等方面的数据共享,以便更好地协调全球范围内的业务活动;

②科研机构的合作。科学家和研究人员通过互联网、云计算等方式进行跨越国界的科研合作,共享研究数据和结果,推动全球科研进展,加速新知识的发现和应用;

③个人社交媒体和在线服务。个人用户通过社交媒体平台、在线交流工具、电子邮件等渠道在全球范围内进行信息传播和社交互动;

④国际医疗健康合作。随着数字化医疗和健康信息管理系统的发展,医疗数据跨境流动成为支持国际医疗合作和研究的重要手段,医学研究、病历共享等领域的全球数据传输和共享为人类医疗健康事业发展提供了巨大助力;

⑤政府合作与监管。国际政府机构可能需要共享数据以解决跨国问题,如边境安全、犯罪打击、环境监测等。

然而,数据的跨境流动涉及诸多安全问题和公平性问题。一方面,数据跨境流动可能涉及个人数据、商业数据、科研数据等多种类型的信息,在这一过程中,还可能涉及许多法律、隐私和安全方面的问题。目前,全球各国(地区)可能有不同的数据保护法规,因此,数据的跨境流动需要遵守不同的法律要求。国际组织和政府机构通常会努力制定一些框架和协定，以促进跨境数据流动，并在此过程中保护个人隐私和数据安全。同时，企业和组织也需要制定符合法规的数据管理政策，以确保它们在全球范围内的业务运作是合法和安全的。另一方面，由于当前全球各国的发展水平存在差异，一些贫困国家（地区）可能因为缺乏适当的技术能力和数字基础设施，在全球数据流动中处于劣势，而那些较富裕的国家则主导了全球数字经济，包括数据的产生和对数据的控制，所以这些富裕国家在数字经济中创造了大量的价值，最终使数据的经济价值在全球范围内分配不均，造成发达国家与发展中国家数字鸿沟的扩大。

总体而言，数据跨境流动在当今全球化的背景下，成为推动科技进步、促进国际合作、支持全球商业发展和提升生活质量的关键因素。与此同时，数据跨境流动也是一个复杂而敏感的话题，需要在法律、技术和政策层面上综合考虑，建立更加公正和平等的数据治理框架，以确保在数据跨境流动中各方的权益能得到平等的保护，并促进全球数字化时代的信息交流与合作。

第二节　数据跨境流动的发展现状

进入21世纪以来，全球数据流动呈现爆炸式增长的态势。根据经合组织（OECD）的统计，2012年经合组织国家的宽带数据平均订阅流量为0.5GB，至2022年，这一数值已经增长近20倍，达到了10.4GB。此外，2023年经合组织国家和巴西、保加利亚、克罗地亚、罗马尼亚、埃及等在内的43个国家的家庭和个人信息通信技术（ICT）接入均值已经超过90%，而2005年该均值在50%以下。随着数据流量和互联网接入的飞速提升，数据跨境流动呈现出急剧猛增的态势。2014年麦肯锡在研究报告中预计，2014—2025年，全球数据跨境流动对GDP的贡献将由2.8万亿美元增长到25万亿美元，年均增速约13%。在2018年后全球经济增速放缓、全球贸易转向收缩的背景下，数据跨境流动已然成为全球增长最强劲的新动能。

数据跨境流动的便利化改变了全球跨境投资的趋势，数据的跨境流动使依托数据开展业务的数字型跨国公司具备了更强的海外获益能力和国际风险抵御能力。在普华永道2023年全球市值100强排行榜的前10位中，特斯拉、亚马逊、苹果等数字平台公司占据7席。与过去的重资产跨国投资不同，数字跨国公司依托自身的算法和数据平台的优势，以轻资产的方式不断加快其海外布局。据联合国贸易和发展（UNCTAD）统计，数字型公司的海外业绩和资产比重是以往传统跨国公司的两倍以上，轻资产投资极大地降低了跨国数字企业在海外的运营风险。

当前数据跨境流动的飞速增长正在不断重塑全球贸易形态，如今，几乎每一笔国际贸易订单都需要依赖数据跨境流动来完成，数据跨境自由流动已经成为开展数字贸易不可或缺的条件。正如美国学者马修·斯劳特（Matthew J. Slaughter）和大卫·麦考密克（David H. McCormick）所说，当今的国际贸易是关于数据的永动机，因为贸易的过程消耗数据、处理数据、分析数据，又源源不断地产生海量新数据，而云计算、5G等技术又为大数据的存储、计算和快速处理提供了技术支撑[1]。20世纪国际贸易的形态以跨国公司主导下的大宗商品贸易模式为主，而近10年数据的跨境流动正驱动大宗商品贸易模式向数字平台主导的产品个性化、分散化数字订购模式转变。根据中国海关发布的数据，2023年上半年，中国跨境电商进出口额突破1.1万亿元，比上年同期增长16.6%，增速加快13.7%，5年增长了近10倍，中国的跨境电商主体

---

[1] 商务部国际贸易经济合作研究院、上海数据交易所：《全球数据跨境流动规则全景图》.

超10万家，跨境电商贸易伙伴遍布全球，数据跨境流动正在加速重塑我国的进出口贸易，并形成新的竞争优势。

第三节 数据跨境流动安全问题

近年来，跨境电商行业经历了迅猛发展，交易数据和用户数据均呈现爆炸式增长，并在不同国家间流通。在这一行业的产业链中，跨境电商企业、国内外消费者、平台企业、支付机构、物流企业等众多参与者在在线和离线场景中紧密交织，形成了复杂的主体间数据交互关系。信息流、物流和资金流的交叉活动频繁，跨境数据安全问题已经成为跨境电子交易参与者在商务活动中必须面对的严峻挑战，是跨境数据安全研究的避无可避的重要关注点。

根据中国《数据出境安全评估办法》等相关法规，数据跨境流动活动主要包括两个方面：首先，数据处理者将在中国境内运营过程中收集和产生的数据传输或存储至境外；其次，数据处理者收集和产生的数据存储于境内，但允许境外的机构、组织或个人访问或调取。因此，中国境内的跨境电商平台向海外商家提供数据，或者境外公司访问中国境内跨境电商平台收集的数据，均属于数据跨境流动的范畴。数据跨境流动安全，指的是采取必要措施，确保跨境数据得到有效的保护和合法的利用，并具备维护其持续安全状态的能力。

一、跨境电商交易中数据跨境流动的典型场景和数据安全问题

在跨境电商活动全生命周期中，境内外消费者、跨境电商企业、支付机构、平台企业、物流企业等主体在线上及线下场景中深度交织，其

主要数据跨境流动场景如表 5-1 所示。

表 5-1　跨境电商的数据跨境流动的典型场景类型

场景类型	内容	场景示例
跨境传输	数据的接收方,基于合同或其他基础,接收来自其他法域的数据	例如,某跨国保健品企业的中国子公司通过内部的系统传输数据至位于美国的总部
跨境传输	跨境采集是跨境传输的一种特殊情况:数据的采集方基于特定需求,直接从位于另一法域的数据主体采集数据至处理方所在地,而未在数据主体所在法域进行任何处理行为	例如,某跨国母婴产品企业的中国员工使用内部系统填报个人信息,而该系统的服务器位于澳大利亚,与员工所在地不属于同一司法管辖区
跨境访问	数据的访问方基于特定需求,访问位于另一法域的系统服务器,读取其数据库中的部分或全部数据并进行一定的自动化处理	例如,某跨国企业在中国为欧盟境内的客户提供系统远程运维服务,欧盟的访问方可读取位于中国的系统服务器

在实际经营中,跨境电商企业需要经历数据收集、数据使用、数据管理和数据流转等环节。随着数字经济的蓬勃发展,数据跨境流转活动日益频繁,数据处理者的数据出境需求快速增长,其涉及的数据跨境流动典型业务场景如表 5-2 所示。

表 5-2　跨境电商的数据跨境流动的典型业务场景

业务场景	数据跨境场景	相关字段
电商平台	境内跨境电商在境外设立独立站,境外独立站处理电商平台用户订单、物流信息,或境内跨境电商将经营过程中收集的个人信息存放在境外的服务器	平台用户姓名、电话号码、订单信息、收货地址等信息
跨国企业供应链管理	跨国电商企业在中国的境内子公司供应商采购、国际货运及仓储等环节,境内子公司将收集的供应商、仓库对接人等相关个人信息上传至总部供应商部门进行管理、适用	供应商、仓库对接人的姓名、国籍、联系方式、收发地址等信息

续表

业务场景	数据跨境场景	相关字段
跨国企业市场销售管理	跨国电商企业在中国境内的子公司在进行本土市场调研、客户关系维护等过程中,需要将收集、使用、维护客户的信息上传至总部进行管理、开发	客户或潜在客户个人信息,包括姓名、电话号码、电子邮箱等信息
委外数据分析	境内跨境电商将个人信息处理业务外包给境外公司,委托境外服务商分析其用户数据	平台用户姓名、电话号码、订单信息等信息
品牌管理	境内企业在境外组织开展品牌宣传、展会等活动,需采集参会者个人信息并传输至组织方所在境内	参会人员个人信息,包括姓名、性别、国籍、电话号码、电子邮箱等信息

从实际运营环节来看,当前跨境电商数据安全问题突出体现在以下三方面。

（一）平台环节的数据安全问题

跨境电商平台企业在注册、购买和支付等环节掌握着大量的用户数据,而平台的系统漏洞和数据保护权责不清晰,是造成电商平台信息泄露的重要原因。在平台企业数据保护要求方面,重要的是防止平台内部管理人员出于商业利益,把大量用户数据倒卖给他人。

（二）物流环节的数据安全问题

物流在跨境电商交易流程中扮演着至关重要的角色,物流中会产生大量的交易数据。物流环节主要的风险点在于物流系统的脆弱性和物流单据的交易环节,尤其是那些管理不严的物流代理点,物流单据的交易风险尤为突出。此外,随着跨境电商的迅猛发展,物流企业的扩张也极为迅速,市场竞争日益加剧。为降低运营成本,物流公司在构建交易系统时往往在数据保护技术和人力资源上投入不足,导致系统安全漏洞的出现,使攻击者有机会直接从系统中盗取海量的商家和用户数据。

(三) 用户环节的数据安全问题

在用户使用环节，数据安全问题常表现为木马病毒、钓鱼攻击和账号被盗等。以木马病毒为例，手机用户尤其容易受到影响，因为一些手机应用程序可能携带此类病毒，一旦被安装，用户的手机就可能遭到远程监控。此外，在使用跨境电商数据分析工具进行交易时，交易数据面临被删除的风险，主要原因是跨境电商的交易数据以电子形式存在。不法经营者可能利用技术手段对数据进行修改或删除，以销毁证据，这给消费者依法维护自身权益带来了挑战。

二、《数字经济伙伴关系协定》中关于跨境电商跨境数据安全的规定

2020年6月12日，新加坡、智利、新西兰三国签署《数字经济伙伴关系协定》（DEPA）。DEPA是全球首个在促进数据无障碍流动的基础上加入中小企业合作共赢和新兴技术创新发展内容的多边数字经济合作协定。DEPA并没有专门的章节和条目讨论跨境电商的数据安全问题，其关于跨境电商跨境数据安全的问题主要体现在以下两个方面。

（一）尊重数据主权前提下的跨境电商数据自由安全流动

1. 个人信息保护

个人信息的跨境传输构成了电商跨境数据流动的关键部分。DEPA确立了个人信息保护国内立法的框架和基本原则，有助于提升签署方的整体立法水平。同时，DEPA并不妨碍各签署方根据自身情况采取不同的个人信息保护法律措施。相反，它在尊重签署方国内立法的基础上，促进了各国保护个人信息法律之间的兼容性和互操作性。例如，通过采用和相互承认数据保护信任标志（DEPA第4.2条），为各国在跨境电商中个人信息的交互提供了合作保障的空间。

2. 跨境数据流动限制

DEPA 规定,各缔约方应准许通过电子方式跨国传输信息,包括个人信息。对信息传输的限制不应超出实现合法公共政策目标所必需的范围。在确保缔约方跨境数据安全的前提下,缔约方应为跨境电商企业营造一个良好的营商环境,确保这些企业在任何国家或地区都能随时提供产品或服务(DEPA 第 4.3 条)。

3. 数据共享和监管沙盒

在实际运营过程中,跨境电商不可避免地会遇到跨境数据共享的问题。随着跨境电商模式的不断创新,数据跨境流动监管也面临新的挑战。DEPA 提出了两种创新方法来推动数据贡享和监管:首先,建立数据共享机制,以简化数据共享流程,并促进数据在跨境电商交易中的应用;其次,采用数据监管沙盒模式,允许电商企业在受信任的数据共享环境中创新产品和服务,从而推动跨境电商模式的创新和发展(DEPA 第 9.4 条)。

(二)跨境电商数据流动的环境安全构建

1. 网络安全环境

网络安全构成了跨境电商平稳和持续发展的基础,同时也是数据跨境安全流动的关键。DEPA 倡议各缔约方应利用现有的合作机制来识别恶意代码,并努力减少其侵入和传播的可能性。此外,它鼓励各方从多边利益出发,共同解决影响网络安全的全球性问题(DEPA 第 5.1 条),以此为跨境电商数据的安全流动提供一个有效的网络环境支持。

2. 商业和在线消费者保护环境

在数字经济时代,跨境电商成为商业和在线消费模式的典型代表。然而,在交易过程中,数据权益被侵害的情况也屡见不鲜。DEPA 规定各缔约方应从完善消费者保护相关法律法规和政策入手,确保在线消费者在参与电子商务活动时免受欺诈、误导和欺骗行为的侵害,推动消费者保护机构在跨境电子商务领域进行监管合作(DEPA 第 6.3 条),以此为跨境电商数据的安全流动提供法治环境的支持。

3. 电子支付环境

跨境电商的进出口收款方式主要分为两大类:银行直接支付和第三方支付机构间接支付。银行间系统直连的方式能够从本质上确保支付数据的安全性,而通过第三方支付机构进行的支付流程则可能涉及金融数据处理,有时会对用户的个人信息权益造成影响。根据 DEPA 的规定,缔约方需通过监管措施来强化电子支付系统的安全性、效率、信任度和保障性,并致力于推动应用程序编程接口(API)的使用,以促进电子支付生态系统的互操作性和创新(DEPA 第 4.2 条)。此举旨在为电子支付跨境数据流动提供安全便捷的通道,同时为国际跨境电商电子支付监管合作提供支付环境支持。

第四节 跨境数据流动监管的法规与政策

一、全球数据跨境流动的政策法规

从 20 世纪 70 年代开始,企业和个人在全球的数据跨境流动受到多国政府的关注。1980 年,OECD 发布了世界上第一份关于跨境数据流动的法律文件——《关于保护隐私与个人数据跨境流动的指南》。1981 年欧盟针对数据保护制定了第一份有法律约束力的国际性文件——108 号公约。1994 年 WTO 发布了《服务贸易总协定》(General Agreement on Trade in Services,GATS),其中有跨境数据流动的条款,即"隐私例外"①。之后，欧盟等又发布了《数据跨境安全港协议》（Safe Harbor）和《隐私盾协议》（Privacy Shield）；2011年，亚太经合组织（APEC）发布《跨境隐私规则》（APEC Cross - Border Privacy Rules，CBPR）；2018年，美国、墨西哥和加拿大签订了《美墨加协议》（United States - Mexico - Canada Agreement，USMCA）。2021年，我国参与了《区域全面经济伙伴关系协定》（Regional Comprehensive Economic Partnership，RCEP），之后又申请参与《全面与进步跨太平洋伙伴关系协定》（Comprehensive and Progressive Agreement for Trans - Pacific Partnership，CPTPP）和《数字经济伙伴关系协定》（Digital Economy Partnership Agreement，DEPA）。从这些协定的签署看，数据跨境流动已经成为一个国际法律、国际政治与经济问题。

1980年以后，针对数据跨境流动，在全球范围内，不同组织和机构出台了一系列政策法规文件（见表5-3）。这些文件虽然尚未形成强制约束，但也成为全球数据跨境流动的"软法律"，各国在开展数据跨境流动时，都会将国际上的政策法规作为参考和自我约束。目前，主要区域及双边自贸协定基本采取"鼓励数据自由流动/禁止计算设施本地化+合法公共政策目标例外"的框架，即不得限制或禁止商业活动中的跨境数据流动，不得将计算设施本地化作为市场准入的条件，但可以为实现合理的公共政策目标实施例外措施，前提是例外措施不得构成歧视和变相贸易限制或超过必要限度②（即限制措施需满足非歧视性和必要性原则）。然而，不同组织在制定全球数据跨境流动的政策法规时也存在一些不同之处（主要集中在各个组织制定的例外条款上）。截至2023年，全球有70多个国家（地区）在数据跨境流动问题上制定了自

---

① 刘志雄. 跨境数据流动的全球态势及对我国的启示［J］. 人民论坛，2021（33）：102 - 105.

② 商务部国际贸易经济合作研究院，上海数据交易所.《全球数据跨境流动规则全景图》.

己的规则。在对现有规则进行归类后,全球现有的规则可划分为开放流动型、严格监管型和监管例外型三个类别。首先,新加坡、东盟、美国等制定的规则属于开放流动型,它们强调数据跨境的自由流动。其次,俄罗斯、印度、中国和巴西等国则强调数据跨境的事前监管,通过安全要求后方可进行数据出境,这些国家的数据跨境流动属于严格监管型。最后,英国、欧盟、韩国、日本等,虽然强调数据跨境的监管,但是数据若在白名单或者生态机制内则可以享有"监管例外"的权利,属于监管例外型。

表 5-3　　　　　　　全球有关数据跨境流动的重要政策法规

时间	政策	国家/地区/组织	主要内容
1980 年	《关于隐私保护与个人数据跨境流动指南》	经合组织（OECD）	确立了数据跨境流动的基本原则,即鼓励数据自由流动及对数据跨境流动的合法限制。针对数据跨境流动的规定集中于该指南的第四部分。该指南赋予成员国基于保护个人隐私对数据跨境流动采取合理限制的权力,但限制措施应尽量减少对数据自由流动的影响,不能超出必要限度,应当遵循比例原则,需要结合数据的类型、敏感程度、数据处理目的和范围等因素的综合考量 明确数据跨境所带来的风险应当由数据控制者承担相应责任,规定了两种成员国应该避免设定数据跨境限制的具体情形。第一类是当其他国家已经充分遵守了 OECD 的相关指南;第二类是数据传输目标国家已经具备了充足的安全防护措施,安全防护既包括强制执法机制,也涵盖了数据控制者所采取的措施
2005 年；2015 年更新	《APEC 隐私框架》	APEC	继承了 OCED《关于隐私保护与个人数据跨境流动指南》中的基本原则,提出信息隐私九大原则,即避免伤害、通知、收集限制、个人信息的使用、选择性原则、个人信息的完整性、安全保护、查询及更正、问责制

续表1

时间	政策	国家/地区/组织	主要内容
2018年	《全面与进步跨太平洋伙伴关系协定》（CPTPP）	日本与加拿大、新加坡、新西兰等国家	重点关注本协定的第14章。 第14.8条承认个人信息保护的价值，并将其纳入消费者的权益范畴而加以规制；要求各方建立起个人信息的保护框架，并以现存的国际标准作为参考；要求境外个人信息输入后享受非歧视的境内保护；要求公开企业所应遵守的法律法规以及私人主体可获得的救济途径；鼓励建立包含互认机制在内的兼容机制 第14.11条认可"成员方关于跨境信息传输有其自身的规制要求"；要求数据跨境自由流动；"公共政策目标例外"，为实现公共政策目标，可对跨境信息流动实施限制，但该措施的实施方式不构成对贸易的任意或不合理的歧视或者变相限制且是适度的，不超过实现目标所需的限制水平 第14.13条承认各缔约方有各自监管要求，包括通信安全和保密要求；不得以本地化作为开展业务的条件；"公共政策目标例外"，即可以为实现合理公共政策目标采取不符措施，但该措施的实施方式不能构成任意或不合理歧视或者变相限制贸易，且不得超过实现目标所必需的限度
2019年	《大阪数字经济宣言》	G20/G7	重申《可信赖的数据自由流动倡议》（DFFT），建立运行数据跨境自由流动的"数据流通圈"，强调要在更好保护个人信息、知识产权和网络安全的基础上，推动全球数据自由流通并制定可靠的规则
2019年	《美日数字贸易协定》（UJDTA）	美国和日本	本协定中的多数规则承袭了《美墨加三国协定》数字贸易章节中的相关规则，但也基于美日两国贸易的实际情况做出了一定调整。总体而言，本协定共包含22条，关于数据跨境流动相关的核心条款包括：个人信息保护条款（第15条）、通过电子方式跨境传输信息条款（第11条）、计算设施的位置条款（第12条）

续表2

时间	政策	国家/地区/组织	主要内容
2018年	《非个人数据自由流动条例》	欧盟	包括39条序言和9条正文条款，从禁止数据本地化与推动发展新技术两方面，规范非个人数据流动。本条例界定了非个人数据的范畴，即为《通用数据保护条例》（GDPR）中界定的个人数据（任何已识别或可识别的自然人相关的信息）以外的数据；明确非个人数据在欧盟境内跨境流动的规则，为整个欧洲的数据存储和处理设定了框架，禁止数据本地化限制；允许有权机关为根据欧盟法或国家法履行其职责要求而获取数据访问的权力，有权机关对数据的访问不得以数据在另一成员国处理为由而被拒绝；鼓励和促进欧盟层面自律性行为守则的制定，其以透明性和交互性原则为基础，合理考虑开放标准，保障数据转移和数据服务商自由转换
2020年	《美墨加三国协定》（USMCA）	美国、加拿大、墨西哥	本协定第19章集中规定了数字贸易相关规则，其中，与数据跨境流动相关的三个核心条款为：个人信息保护条款（第19.8条）、通过电子方式跨境传输信息条款（第19.11条）、计算设施的位置条款（第19.12条）。另外，本协定在金融服务章节（第17章）中也特别规定了金融领域的电子方式跨境传输信息条款（第17.17条）和计算设施位置条款（第17.18条）
2020年	《区域全面经济伙伴关系协定》（RCEP）	中国、日本、韩国、澳大利亚、新西兰和东盟十国，共15个国家	本协定的数据跨境规则主要集中于第八章"服务贸易"中的附件一"金融服务"和附件二"电信服务"以及第十二章"电子商务"中

续表3

时间	政策	国家/地区/组织	主要内容
2020年	《数字经济伙伴关系协定》（新加坡—智利—新西兰，DEPA）	新加坡、智利、新西兰	第4.2条列举了缔约国内个人信息保护法应该涵盖的内容，包括收集限制、数据质量、用途说明等，更强调各缔约国在个人信息保护体制之间的兼容性和交互操作性。第4.2.6条至第4.2.10条规定，各缔约国通过建立监管互认机制、认证框架互认、采用数据保护可信任标志等方式来进一步促进各缔约国的国际合作。第4.3条在强调数据跨境自由流动并将个人信息纳入可跨境传输范畴的同时，明确如果缔约方为了合法公共政策目标而阻碍数据跨境流动，则其所采取的措施必须控制在所需限度之内。第4.4条的计算设施位置规则采取了与第4.3条相同的表述方式，要求数据存储非强制本地化，并将为实现合法公共政策目标而阻碍该要求的措施控制在必要范围之内。第8.2条强调缔约国建立可信、安全和负责任的人工智能框架，同时要考虑"数字经济的跨境性质"，本协定旨在最终实现此类框架的国际一致性。第9.5条要求缔约国保证以开放数据形式向公众开放政府信息，并合作确定可扩大获取和使用公开数据的方式以及制定允许任何人进行访问、使用和修改的开放数据许可模式，从而增加和创造商业机会。第7.1条要求各缔约国建立框架，实现数字身份制度的互操作性，并建立共同的标准，同时规定缔约国要将数字身份纳入各自的法律框架或互认数字身份的法律和监管效果。本协定第7.1条设置了实现"合法公共政策目标"的例外情形。对于数据监管沙盒，本协定第9.4条规定，企业在数据监管沙盒机制下进行数据共享有利于促进创新，可信的数据共享框架还可以促进数据在数字环境中的使用，因此，本协定要求各缔约国在数据共享项目和机制、数据新用途的概念验证（包括数据沙盒）等方面开展合作

第五章　数据跨境流动发展

续表4

时间	政策	国家/地区/组织	主要内容
2023年	《我们的共同议程》政策简报5：全球数字契约——为所有人创造开放、自由、安全的数字未来	联合国（UN）	建议制定一项《全球数字契约》，为推进开放、自由、安全、以人为本的数字未来制定原则、目标和行动，实现数字领域的可持续发展

资料来源：《全球数据跨境流动规则全景图》。

二、中国数据跨境流动的法规政策

1988年中国颁布《保守国家秘密法》，其中，第三十七条明确禁止含有国家秘密的数据流出中国，这也是中国最早关于数据跨境流动的法律。然而，受20世纪末数字技术发展水平的限制，我国的数据大多以非电子形式保存和传输，导致我国此后有关数据跨境流动的法律法规建设发展缓慢，至2010年前，这方面的法律建设几乎一直处于停滞状态。党的十八大之后，数字经济在中国飞速发展，中国规制数据跨境传输的政策越来越明朗，立法进程开始加快。2013—2023年，中国新增关于数据跨境传输的法律法规多达14条（见表5-4），其中，2013年国务院颁布的《征信业管理条例》要求，征信机构采集的个人信息的整理保存和数据加工过程应当在中国境内进行。2015年后，全国人大先后颁布了《国家安全法》《网络安全法》和《数据安全法》，分别明确了中国网络空间的主权概念、数据出境安全评估制度、数据处理活动和数据安全保护制度，三部核心法律的颁布奠定了中国数据跨境流动的基本原则和准则，将中国数据跨境流动的立法规制上升至国家层面。

表5-4　　　　　　　中国有关数据跨境流动的政策法规

时间	政策/法规	机构	主要内容
2013年	《征信业管理条例》	国务院	第二十条，未经信息主体同意，不得向第三方提供个人信息
2014年	《人口健康信息管理办法》	国务院	第十条，人口健康信息不得在境外服务器上存储，不得托管、租赁在境外的服务器
2015年	《国家安全法》	全国人大	第二十五条，明确网络空间主权
2016年	《地图管理条例》	国务院	第三十四条，互联网地图服务单位应当将存放地图的服务器设在中华人民共和国境内
2017年	《网络安全法》	全国人大	第三十七条，关键信息基础设施的运营者在中华人民共和国境内运营中收集和产生的个人信息和重要数据应当在境内存储
2019年	《网络预约出租汽车经营服务管理暂行办法》	国务院	第二十七条，网约车平台采集的个人信息和生成的业务数据应在中国境内存储
2019年	《人类遗传资源管理条例》	国务院	第七条，不得向境外提供任何境内人类遗传数据
2020年	《个人信息保护法》	全国人大	第四十条，一定数量的个人信息必须存储在境内，数据出境须进行安全评估
2021年	《网络数据安全管理条例（征求意见稿）》	国务院	系统性建立国家安全审查制度
2021年	《民法典》	全国人大	"人格权编"中的第六章，明确对个人信息的人格权保护

续表

时间	政策/法规	机构	主要内容
2021 年	《数据安全法》	全国人大	第三章，系统性规定数据处理活动和数据安全保护制度
2022 年	《网络安全审查办法》	国家网信办	掌握超过 100 万用户个人信息的网络平台运营者赴国外上市，必须向网络安全审查办公室申报网络安全审查
2023 年	《规范和促进数据跨境流动规定（征求意见稿）》	国家网信办	在《个人信息保护法》以及相关数据跨境传输规定的基础上，大幅调整了数据出境评估备案工作的适用标准
2023 年	《个人信息出境标准合同办法》	国家网信办	对个人信息出境标准合同的适用条件和备案监管等进行了具体规定

资料来源：作者整理。

除了立法速度的提升和立法层级的提高，近年来，中国针对数据跨境流动的法规和制度建设工作，还呈现出一个重要的新趋势，即我国立法建设工作逐渐向国际社会寻求合作。党的十八届五中全会强调，要着力提升我国在国际事务中的制度性话语权，积极参与国际规则的制定。中国向国际社会寻求跨境数据流动法规制度建设的交流与合作，一方面要吸收国际先进理念，另一方面要推广中国自身的主张。外交部于2017年发布的《网络空间国际合作战略》明确了中国参与全球互联网治理体系改革路径以及构建新型国际规则体系的目标。2020年，中国发布了《全球数据安全倡议》，呼吁各国秉持发展和安全并重的原则，平衡处理技术进步、经济发展与保护国家安全和社会公共利益的关系，强调各方应在相互尊重的基础上，加强沟通交流，深化对话与合作，共同构建和平、安全、开放、合作、有序的网络空间命运共同体[①]。2021年，中国又正式开启了多边框架下的国际合作行动，提出申请加入《数字经济伙伴关系协定》（Digital Economy Partnership Agreement，DEPA）[②]。

第五节　数字贸易中的数据监管与治理

跨境数据流动是开展数字贸易的前提条件。跨境数据流动使数字贸易企业之间能够传输交易信息、连接供应链、共享研究成果，进一步促进产业技术创新。数字贸易企业依赖数据流动实现云服务和企业间数据传输，与交易合作伙伴、子公司和客户群体交换信息，并以这些信息为依据开展跨境商务谈判和跨境交易。因此，数据的跨境流动对数字贸易发展的经济价值较高，但数字贸易的发展为各个国家带来经济增长的同时，也会给各国带来因跨境数据流动而产生数据泄露、数据滥用等问题。目前，各个国家迫切需要对数据跨境流动进行监管，以维护国家安全、保护个人隐私，确保数字贸易企业健康可持续发展。

一、数据跨境流动监管的重要性与迫切性

随着全球数字贸易的高速发展和贸易自由化水平的不断提升，数据的跨境流动产生了巨大的经济价值[③]。数据跨境流动监管规则的制定正成为经济发展的焦点。各国正在根据自身国情和经济状况，完善国内监

[①] 中华人民共和国等. 全球数据安全倡议［Z］. 2020 – 09 – 08.
[②] 蔡翠红，郭威. 中美跨境数据流动政策比较分析［J］. 太平洋学报，2022，30（03）：28 – 40.
[③] 王蕾. 企业数据跨境流动中的合规对策和选择［J］. 国际商务财会，2022（17）：57 – 60 + 69.

管制度，并将其作为数字贸易规则谈判的关键议题。数字贸易需要全球规制框架管理数据跨境流动，以促进贸易并防止不合理规制损害贸易自由化①。

(一) 数据跨境流动监管对数字贸易的重要性

随着数字贸易的不断发展，数据跨境访问、使用和交换成为数字贸易发展的重要驱动力。数据作为新时代发展的新生产要素，深刻改变了传统贸易模式、贸易对象和贸易主体，数字技术的应用也促进了贸易便利化。

首先，在贸易模式层面，随着全球数据流动的不断发展，数字贸易的发展模式也在发生改变，线下交易模式转变为线上交易模式，B2B、B2C、B2G、C2C等商业模式成为国际贸易中的重要内容，尤其是B2C已经成为增长最为迅速的商业模式，在一定程度上提高了数字贸易的交易效率和质量，降低了数字贸易的交易成本。

其次，在贸易主体方面，数字贸易的主体逐渐多样化，更多部门、个人、中小企业开始参与数字贸易。实际上，经济部门中的制造业、服务业、农业以及零售业都将依赖数据和数据的全球流动。无论是直接还是间接利用云计算等全球规模的数据基础设施，数据的全球流动都会降低企业进入市场的门槛，并在一定程度上提高市场交易效率，有效降低贸易成本，为个人、企业和部分新型创业公司积极参与市场竞争创造新的机遇，使其能够更加快速地融入全球价值链。

再次，在贸易对象上，数字产品和服务逐渐进入新一轮的价值链。数据的跨境流动提高了劳动力、资本和先进生产要素的流通与优化配置的效率，使全球的数字贸易用户都能够充分共享先进的研究和创新技术。相对来说，先进的技术也会使产品和服务不断创新，比如电子书

---

① 熊院菊. 论数字贸易下数据跨境流动国际规制的完善及对我国的启示［D］. 中南财经政法大学，2019.

籍、电子游戏以及电子音乐的应用,已经逐渐取代了原来的纸质书籍、游戏设备以及传统乐器的使用。此外,数字贸易的企业还可以基于数据的流量和去向分析目标群体的偏好,并对其偏好进行决策和响应,以满足消费者多样化、多元化需求,进而为其提供更加丰富的专属服务和定向服务。

最后,在贸易便利化上,数据跨境流动有利于及时准确地获取交易信息,进而形成较为完备的方案,数据的收集和整理是实现资源合理优化配置的重要前提。可以看出,数据跨境流动在数字贸易发展进程中起到了关键作用,因此,对跨境数据的监管与治理已成为当下数字贸易发展的重点内容之一。

(二) 数据跨境流动对数字贸易的迫切性

一方面,高度互联的信息网络提供了巨大的经济价值,但出于维护国家信息安全、保护国家数据产业等目的,我们必须采取一定措施对数据跨境流动进行监管。数据的不断流动会使其他国家基于数据分析获取重要的战略信息,那么再对数据进行进一步处理和加工,就能够对特定行业的发展情况或研究内容进行破解,从而对国家安全造成严重影响[1]。从全球视角来看,当前各个国家的数字贸易产业存在严重的不均衡发展趋势,发展中国家的数据积累逐渐流向发达国家,进而形成数据鸿沟,以此助长了数据霸权的出现,严重加剧了发展中国家的数字经济对发达国家的依赖程度,使发展中国家对其经济安全的担忧不断加深。因此,从保护国家安全的角度来看,规范数据的跨境流动十分迫切[2]。

另一方面,跨境数据流动会涉及公司和公共部门持有的大量个人信息,这就不可避免地产生了跨境数据流动中个人隐私保护的问题。比

---

[1] 魏求月,洪延青. 数据跨境流动之国家安全例外条款:制衡、边界与建构[J]. 国家安全研究,2022(04):101-120+178.
[2] 刚林琳. 数字贸易中数据跨境流动监管的法律问题研究[D]. 辽宁大学,2023.

如，当消费者在线上订购境外服务或产品时，订单信息、收货地址等个人信息被境外数据接收者获取，进而被转卖给其他人。在使用或保护不当的情况下，就会侵犯个人隐私。当前，互联网技术不断进步，对数据的分析和挖掘越来越精准，可通过关联挖掘找到数据所指向的匿名主体，很难保证个人信息不被泄露。技术的不断进步和资本的逐利性使个人数据泄露成为一种常态，已引发国际范围内的广泛关注。

二、数据跨境流动监管的理念形式

（一）提倡数据自由流动

提倡数据的自由流动是基于多方面因素的考量。其中，经济方面的因素考量得最多。数据的跨境流动能够产生巨大的经济价值，其监管和治理方式直接关系各国的国家利益、产业利益和个人隐私等方面。数据的跨境流动能使更多的贸易主体参与数字贸易竞争，在提高市场交易效率和质量、有效降低交易成本方面有突出的优势，为中小企业和创新创业企业的发展提供了有利条件。与此同时，数据的自由流动能使企业及时准确地获取交易信息，降低交易过程中的信息不对称情况。随着互联网技术的不断进步，数据的自由流动受到限制，支持跨境数据流动的国家认为，只要拥有完备的信息技术和安全防护措施，就能为数据提供良好的流动保障，能够实现数据的自由流动。

（二）限制数据跨境流动

相对于数据的自由流动，部分国家对数据的跨境流动提出了限制性措施。他们认为，数据的跨境流动会严重影响国家安全和产业安全。对于数字技术较为落后的国家，他们通常不能对数据提供有效的保护，当数据流入低保护水平的地区时，则会出现个人隐私数据的安全问题。因此，基于国家安全、产业安全和个人隐私保护等因素的考虑，越来越多的国家政府开始采取限制数据流动的措施，防止数据跨境流动带来的威胁，进而保护本国数据安全。欧盟作为限制跨境数据流动的代表国家，已经建立起一套完备的跨境数据流动监管体系，除欧盟之外，中国、俄罗斯、澳大利亚、土耳其、加拿大等也对特定的部门数据做出了本地化要求。

三、数据跨境流动监管的发展趋势

（一）国际层面对数据跨境流动的监管

数据的跨境流动监管往往涉及多个司法管辖区，但是各个国家的政策目标不同，使各个国家国内数据监管法规存在诸多差异，所以，国际层面上，关于数据跨境流动监管的规则也呈现碎片化的特点。整体而言，无论是在国际层面，还是在地区乃至国家层面，数据跨境流动监管规则都高度分散。

1. WTO框架对数据跨境流动的监管

数字贸易领域客观存在的监管趋同需求，构成了各方在数字贸易规则中达成共识的基础，多边机制也因此而产生[1]。由于WTO在国际贸易领域具有高度权威性，其在国际贸易引导和规制方面的作用不容小觑[2]。但WTO规则对数据跨境流动的监管措施并没有形成专门的体系，只是在数据的规范处理和一些基础服务中，对数据跨境流动进行了规范[3]。《关贸总协定》（GATT）、《服务贸易总协定》（GATS）和《全球电子商务宣言》等虽然涉及数据跨境流动的监管与治理，但这些规则存在一定的局限性，在面对数字贸易的机遇和挑战方面存在规范能力不

---

[1] 贺小勇，高建树. 数字贸易国际造法的共识、分歧与因应 [J]. 学术论坛，2022, 45 (04)：93 – 104.

[2] 郭德香，桑琦. 数字贸易背景下国内与国际数据监管规则协调之困境 [J]. 当代经济，2023, 40 (01)：30 – 37.

[3] 谭观福. 数字贸易中跨境数据流动的国际法规制 [J]. 比较法研究，2022 (03)：169 – 185.

足的情况①。加之各个国家之间的利益诉求和发展水平不同，使各个国家所提出的跨境数据流动治理方案存在显著差异，各个国家的意见无法统一。总体来说，虽然 WTO 规则可以适用于数字贸易下的数据跨境流动监管，但是 WTO 规则体系不能对跨境数据流动进行有效监管。

2. 区域贸易协定和区域经济组织对数据跨境流动的监管

一方面，国际层面的数据跨境流动监管机制可以合理协调各个国家国内法的适用程度；另一方面，监管机制也可以弥补国内法对数据跨境流动监管不足的问题。但是，当前国家层面的监管机制还未能发挥良好的作用，各个国家都在积极寻找新的协调监管模式。很多国家希望通过区域贸易协定来协调区域和国家间数据流动监管规则②。此类区域贸易协定中最具代表性的是《全面与进步跨太平洋伙伴关系协定》《美墨加三国协定》《区域全面经济伙伴关系协定》。上述协定针对跨境数据流动的监管和治理制定出部分规则。除区域贸易协定外，自由贸易协定也为数据跨境流动监管进行了尝试。虽然区域贸易协定或自贸协定旨在解决跨境数据流动监管的协调机制问题，但也在一定程度上加剧了数据跨境流动监管领域国际监管规则的碎片化倾向。因为这些协定中具体的监管细则和主张存在差异，各个协议之间缺乏协调性，所以数据跨境流动监管协调机制的可操作性大大降低了。

（二） 主要经济体对数据跨境流动的监管

美欧作为世界主要经济体，在经济上的重要性不言而喻。两大经济体基于各自的现实国情和发展诉求，形成了两种数据跨境流动监管模式。深入分析美欧数据跨境流动监管制度，对全面了解全球跨境数据流动监管格局，完善中国数据跨境流动监管国内法以及参与国际规则的制

---

① 张正怡，蔡思柳. 数字贸易规则的演进路径及因应 [J]. 岭南学刊，2022 (05)：92 - 99.
② 张正怡. 数字贸易的规范考察及中国方案 [J]. 东岳论丛，2022，43 (08)：169 - 175 + 192.

定均意义重大。

1. 美国对数据跨境流动的监管

（1）倡导言论自由和数据自由流动。美国主要遵循的是跨境数据自由流动。作为全球互联网及数据技术最发达的国家，美国依靠自身的经济实力和数字技术上的突出优势，对跨境数据流动采取相对宽松的监管政策，积极鼓励数据自由流动以实现经济利益的最大化。美国支持跨境数据自由流动不仅体现在其国内法中，在其对外签订的自由贸易协定中也有所体现。在国内法方面，美国强调数字贸易的重要性，并提出推动全球互联网形成更开放的格局，有效消除数字贸易的壁垒。在国际性区域协议方面，美国通过积极签订多边自由贸易协定，以推行其数据自由流动的理念。

（2）重视数据主权战略体系的建设。由于美国在信息科技发展中处于世界领先地位，其对网络空间数据主权的构建时间是最早的，已经较早地确立了基于大数据的网络安全战略，逐步形成了最为完备的数据主权战略体系。根据《爱国者法案》，任何非美国公民只要把数据存储在美国互联网公司提供的云服务中，该数据就可能被美国政府获取①。美国以占据数据优势的强国地位，利用先进的网络基础设施的优势，强行干涉他国主权②。

（3）重视跨境数据流动的价值分析。隐私、网络安全和个人数据保护已经成为美国国会关注的重要议题。跨境数据流动对美国经济和全球经济都是重要的驱动力，一些美国的经济研究者开始分析跨境数据流动的经济价值，以及数据本地化措施和数据保护规则的限制给美国带来的经济损失，并致力于加强对数据规模和重要性测量的一致性，以助力

---

① 沈国麟. 大数据时代的数据主权和国家数据战略［J］. 南京社会科学，2014（06）：113-119+127.

② 齐爱民，祝高峰. 论国家数据主权制度的确立与完善［J］. 苏州大学学报（哲学社会科学版），2016，37（01）：83-88.

美国做出更好的决策①。

2. 欧盟对数据跨境流动的监管

（1）欧盟对个人数据的隐私安全格外重视。欧洲理事会于1981年发布了《关于个人数据自动化处理的个人保护公约》，其序言阐明了要尊重隐私与信息自由流动，在信息化处理过程中要保障个人数据中所涉及的个人隐私权②。2012年，欧盟法律希望朝着规则更加统一、对数据控制者和处理者的规制更加直接、更重视个人数据保护的方向发展③。GDPR 的出台还宣告了"个人数据保护权"取代"隐私权"成为欧盟数据保护法制的首要权利④。《欧洲数据战略》在序言中强调将个人利益置于首位，数据收集和使用必须符合欧洲价值观、基本权利和规则，应平衡数据流动和应用。

（2）重视数据主权和技术主权。欧盟目前正在思考如何更广泛地捍卫经济主权和数据主权的问题，希望从欧盟内部治理到全球治理更系统、广泛地加强对经济主权的控制。欧盟一直认为第二次世界大战后权力关系决定的经济规则为国际经济关系提供了一个功能性框架，可以将其视为独立于地缘政治和安全领域之外。在此背景下，欧盟认为，实施一项国际经济政策在一定程度上不受地缘政治的影响，所以将大部分国际经济权力授予欧盟层面的机构，而将大部分安全和外交政策工具留给成员国层面。但这种经济领域和地缘政治领域的分开，现在看来是脆弱的、过时的。在与美国高度交织的过程中，欧盟面临的核心挑战是维护经济主权。

（3）将政策目标推向多边论坛。1994年的 GATS 规定，可依据个

---

① 伍艺. 欧美个人数据跨境流动规则比较研究 [D]. 西南政法大学，2020.
② 张旭浪. 个人数据跨境流动的国际法规制研究 [D]. 江西财经大学，2023.
③ 方芳. 欧盟个人数据跨境流动政策的演变：市场统一与贸易规范 [J]. 复旦国际关系评论，2019（01）：16-31.
④ 刘泽刚. 欧盟个人数据保护的"后隐私权"变革 [J]. 华东政法大学学报，2018，21（04）：54-64.

人数据保护的一般例外限制跨境数据转移,成员国能够以隐私保护为由限制跨境服务贸易。鉴于欧洲各个国家在 WTO 中的强大影响力,个人数据保护立法已经成为合法限制国际自由贸易的措施,GATS 隐私例外条款也为欧盟数据保护提供了国际法依据。虽然 WTO 规则在处理数字贸易问题上存在局限性,但 WTO 已经为跨境数据流动规制确立了基本框架。

四、数据跨境流动监管存在的主要问题

在数字时代,数据流动是贸易发展的必然选择。从对数字贸易中跨境数据流动监管的国际立法态势的分析中可以看出,受监管理念、技术水平、文化冲突等因素影响,法规碎片化的倾向使国际层面的数据跨境流动监管协调存在困难。数据保护与监管体系的高度分散对跨境数据流动造成了严重影响,部分国家采取的数据本地化措施也存在违反市场准入和构成不利待遇等限制贸易的问题。下文将对数字贸易中数据跨境流动的监管协调和措施中存在的问题进行分析。

（一）数据跨境流动监管协调层面

随着数字技术的不断发展,数字贸易发展水平不断提高,为了进一步促进数字贸易向更高层次迈进,各个国家都在积极开展数字贸易协定的相关谈判,与其他国家或地区之间的数据跨境流动监管也在不断协调中。各个国家的监管理念受技术能力、文化理念、法规碎片化等因素的多重影响,使国际层面的数据跨境流动监管协调存在一定困难。

1. 国际层面数据跨境流动监管协调存在困难

因为各个国家监管理念不同,数据跨境流动监管的国内法也存在差异,加之 WTO 多边机制未能实现对数据跨境流动的有效监管,区域贸易协定等协定中的利益诉求和主张不尽相同,具体监管措施的严格程度也存在差异,所以数据跨境流动的监管尚未形成统一的监管机制,法规

碎片化趋势明显。这种数据跨境流动监管碎片化的趋势对数字贸易产生了不利影响，对企业科技创新产生了重要影响，也在一定程度上增加了商业成本。

在多边和双边机制未能有效解决数据跨境流动监管协调问题的情况下，出于贸易往来的需要、数据传输需求旺盛的需要，所以各个国家必须对数据流动监管的协调问题进行商讨。美欧作为两大数据流动监管理念指引下的典型代表，考察二者跨境数据流动监管的协调机制，有助于准确把握国与国之间数据跨境流动监管协调的问题。其中，"安全港"与"隐私盾"是美欧两地在数据流动监管协调方面做出的努力，为不同治理模式下的国家实现数据保护协调提供了可借鉴的经验。安全港协议旨在以双边协议的形式对数据跨境流动问题进行解决，不仅促进了双方的经贸往来，也起到了积极的示范作用。但之后安全港协议与隐私盾协议的失效，在一定程度上说明了跨境数据流动监管协调的困难。美欧两地在文化理念、技术能力、价值主张等方面的不同，使个人数据保护方面的立法和配套机制也存在巨大差异，因此，当前数据跨境流动监管的协调较为困难。

2. 中国参与数据跨境流动监管协调的程度不深

我国作为新兴的互联网大国，与美欧等国家和OECD等区域经济组织互动频繁，但是在跨境数据流动监管方面缺乏有效的对外数据共治机制。在国际规则参与方面，中国参与数据跨境流动监管协调工作较少。为应对数据跨境流动监管的碎片化，将监管理念类似的国家聚集起来形成同盟是很常见的做法，形成同盟的主要方式包括签订区域和双边贸易协定。在这些发展起来的同盟中，目前只有与韩国、新加坡等国家签订的双边贸易协定中的电子商务章节涉及了数字贸易规定，但这些规定并未对数据跨境流动监管作出详细说明。与美欧主导的贸易协定相比，中国参与的协定在结构和具体内容等方面有欠缺。中国尚未加入APEC的CBPR体系，也没有参加TPP等多边经贸谈判，没有与欧盟达成数据保护的双边协议,在对外签署的 FTA 中,只有 RCEP 包含数据跨境流动相关条款①。中国参与协调跨境数据流动监管的另一重要途径是加入国际数据治理协会,但国际数据治理协会是一个非营利组织,并没有监管权力,其宗旨是促进全球范围内数据治理准则的构建。因此,中国参与跨境数据流动的国际监管协调实践较少,参与协调机制的内容尚有所欠缺,在当前全球数字贸易快速发展的背景下,监管协调效果有限,不能满足监管需求。

(二)数据跨境流动监管措施层面

1. 监管细则不同导致企业合规成本增加

随着互联网技术的不断发展,各个国家对跨境数据流动监管方面的制度建设需求不断提高。主要经济体之间致力于形成动态平衡。数字经济的快速发展使数字贸易进程中的数据跨境流动呈常态化发展,合理合规的数据跨境流动能够提高企业的经济效益。基于此,各个国家开始建立跨境数据流动的合规框架,为数据的流动提供了极大的便利性,但其监管制度的差异体现在信息处理者需要遵守的基本义务、数据本地化存储要求、监管机构及处罚规定等方面。由于数据跨境流动的监管细则存在差异,企业开展数字贸易的合规成本将逐渐上升②。近年来,因违反数据监管规则的不合规行为的制裁也日益增多。

2. 数据本地化措施存在争议

在过去的几年中,一些国家特别是发展中国家越来越倾向于要求对其数字数据拥有主权,这通常表现为采取数据本地化措施。采取本地化措施的原因,一方面是基于国家安全和数据安全的考虑。也就是说,在没有同等隐私保护的国家处理的数据可能更容易被滥用。另一方面是出

---

① 李娜,沈四宝. 数字化时代跨境数据流动与国际贸易的法律治理 [J]. 西北工业大学学报(社会科学版),2019 (01):90 - 96.

② 李墨丝. 欧美日跨境数据流动规则的博弈与合作 [J]. 国际贸易,2021 (02):82 - 88.

于产业政策的考虑。政府寻求保护或刺激其国家数字经济,并保护国内公司免受外部竞争或防止外国实体获得竞争优势。基于对国家安全、隐私保护等的考虑,数据本地化措施能够有效地防止外国监听,保障网络数据安全。然而,本地化措施会限制数据的自由流动,影响数据的经济价值,阻碍数字贸易自由化进程。数据本地化措施可能会被认定为限制贸易,更有可能因监管部门体系化或内部审查方式被质疑违反相关承诺或借机实现数字贸易壁垒。

五、中国数据跨境流动监管发展策略

目前,数字贸易发展势头正猛。中国作为全球数字贸易的积极参与者,数字贸易和跨境电子商务海外市场的开拓等都以数据跨境流动为重要媒介。无论是从发展地区经济的角度,还是从保障数据信息安全的角度,我国都应当构建科学的数据跨境流动监管体系,以确保数据跨境合理有序流动。这不仅是发展数字贸易的现实需求,更是对国际贸易规则再构建的回应。高标准的数字贸易规则需要国内规则作为有力支撑,科学的国内监管体系能为国际监管体系的形成提供有益参考。中国应借此机会,积极汲取国际层面的数据跨境流动监管经验,不断完善本国数据监管政策,再将国内监管实践中获取的中国经验带到更深层次的国际治理中,形成国内监管与国际监管的良性互动。

(一) 中国数据跨境流动监管概况

1. 数据跨境流动监管立法方面

从国内监管层面看,我国数据保护规则的起草工作起步较晚,直到2000年国务院才出台了《互联网信息服务管理办法》。此后,各部委和国家立法机关根据不同行业的需要制定了多项数据规则。近年来,随着数字贸易的发展,我国积极开展监管数据跨境流动的立法工作,于2016年11月7日通过的《网络安全法》第三十七条表明了我国对数据

跨境流动监管的态度。相关的法律法规及其内容如表5-5所示。可以看出，在我国，与个人信息相关的法律法规较多，主要涉及国家安全、网络安全、数据安全、个人信息保护、个人信息安全规范等重要内容。但目前我国尚未对跨境数据流动专门立法。由于缺乏具体的监管细则，数据隐私保护和数据安全保护规则散见于各部门法及部门监管之中，这些规定中具体的监管细则、程序、方式、可操作性存在不足，并且国内监管规则的不统一，肯定会对中国未来参与数据跨境流动的国际监管协调产生影响。从国际合作层面看，我国与各个国家和地区达成的自由贸易协定中，只有与韩国、澳大利亚、格鲁吉亚、智利以及新加坡签订的协定涉及电子商务的内容。除此之外，中国正在进行的一些贸易谈判也纳入了电子商务议题，至于是否涉及数据跨境流动的具体规制，暂时还不得而知。虽然在国际层面，我国还未达成有关数据跨境流动规制的协定，但是我国已经开始重视数字贸易国际规则的制定工作，试图为我国数字贸易的发展创造良好的国际规则环境，这种态度是值得肯定的。

表5-5　　我国数据跨境流动管理法律法规（不完全统计）

序号	法律法规名称	具体规定
1	《网络安全法》	关键信息基础设施的运营者在中国境内运营中收集和产生的个人信息和重要数据应当在境内存储。因业务需要，确需向境外提供的，应当按照国家网信部门会同国务院有关部门制定的办法进行安全评估
2	《保守国家秘密法》	禁止含有国家秘密的数据流出中国
3	《地图管理条例》	互联网地图服务所产生的数据应存放在我国境内
4	《关于银行业金融机构做好个人金融信息保护工作的通知》	在中国境内收集的个人金融信息的存储、处理和分析应当在中国境内进行
5	《信息安全技术——公共及商用服务信息系统个人信息保留指南》	未得到用户明示同意和政府批准的情况下禁止将数据传输至境外实体

续表

序号	法律法规名称	具体规定
6	《征信业管理条例》	征信机构在中国境内收集的信息的整理、保存和加工,应当在中国境内进行
7	《关于大力推进信息化发展和切实保障信息安全的若干意见》	为政府机关提供服务的数据中心、云计算平台等要设在境内
8	《人口健康信息管理办法(试行)》	不得将人口健康信息在境外的服务器中存储,不得托管、租赁在境外的服务器
9	《保险公司开业验收指引》	业务数据、财务数据等重要数据应存放在中国境内,具有独立的数据存储设备以及相应的安全防护和异地备份措施
10	《网络预约出租汽车经营服务管理暂行办法》	网络约车平台公司应当遵守国家网络和信息安全有关规定,所采集的个人信息和生成的业务数据,应当在中国境内存储和使用,保存期限不少于2年
11	《个人信息和重要数据出境安全评估办法(征求意见稿)》	确立了数据跨境的宗旨是以境内存储为原则,向境外提供为例外
12	《数据出境安全评估办法》	宏观地规定了"保障数据依法有序自由流动"的目标
13	《个人信息保护法》	对"国家机关处理的个人信息"要求境内储存,对外传输前应进行安全评估

2. 自贸试验区跨境数据流动监管方面

2019年8月20日,上海市政府开始施行《中国(上海)自由贸易试验区临港新片区管理办法》。该办法是我国首部涉及数据跨境流动的地方性法规,在加强基础设施建设、保障跨境数据安全流动和强化数据保护三个方面对数据跨境流动进行了法律规制。该办法贯彻了数据保护的基本原则,并通过要求建设完备的国际通信设施,试点开展数据跨境流动的安全评估，逐渐建立起数据安全监管机制，并开展试点工作。该办法是我国首个自贸试验区管理跨境数据流动的法律监管规则，但在执行的可行性上还有待观察。2020年4月20日发布的《中国（上海）自由贸易试验区临港新片区通信基础设施专项规划（2020—2025）》提出，将试点建设国家新型互联网交换中心，建立国际互联网访问监管模式，探索以企业为单位开展白名单认证，直接接入国际互联网，对不同类别的企业和互联网应用数据采用不同等级的管理措施，以安全评估保障跨境数据流动，加强事中和事后的监督。

3. 数据保护监管机构方面

网信办是中央的监管机构，但是对各省级乃至各县市的数据监管，主要由各级监管部门进行相应监管，而且网信办的监管专业性和效果没有专门的监管机构好。所以，从实际来看，网信办不能完全解决公民和企业的数据权利侵害问题，有关数据权利侵害的案件应由各具体部门处理、监管和解决。目前，关于数据监管的规定都分布在各部门规章中，在实践中我国也采取了"各行业分管"的模式，各个主管机构对自己领域内的数据出境进行监管，网信部门仅做协调部门。因此，如果没有专门的数据监管保护机构，很容易出现各部门执法标准不统一、针对某一案件相互推诿的情况，从而增加工作难度。如果再涉及较多部门，各部门相互配合的效果也较差。

(二) 优化数据跨境流动监管机制

数字贸易的不断发展对国内数据跨境流动的监管与治理提出了更高水平的要求，然而，我国监管数据跨境流动的实践目前还处于起步阶段，有很多地方有待进一步改进。因此，我国的跨境数据流动监管机制不仅要梳理各个法律之间的关系，为立法提供指导，还要在组织机构和制度设计上提供一定支持，更需要加强与国际规则的互动。中国的跨境数据流动政策与数据主权、国家安全和个人数据保护紧密相连，以维护跨境数据的"合法、安全和自由流动"。完善的数据跨境流动国内监管体系不仅有助于更好地实现对本国数据的保护，也对协调当前碎片化监管发挥着重要作用，这就要求国内监管体系规定明确完备、内在体系衔接得当。在全球数字贸易市场的激烈竞争中，如何在保障数据跨境自由流动的基础上，保障本国数据安全，是目前我国有待解决的重要问题。

1. 数据主权优先和个人信息保护

一方面，应当明确数据主权在数据跨境流动监管原则中的重要地位。数据主权不是在数据跨境流动监管中采取数据本地化措施，而是对境内的数据资源所享有的权利，这就在一定程度上夯实了建立独立自主的数据监管规则，平等参与制定跨境流动数据规则的国际谈判以及受到数据侵害时采取积极措施的权利的基础。另一方面，制定数据保护政策有利于维护国家数据安全和保障国内数字贸易产业的不断发展。现阶段建立数据主权优先的原则，有利于提高社会大众对数据等生产要素的重视程度，进而逐渐培养数据保护意识；也有利于我国在遵循国家主权平等的基础上构建全球范围内的数据共享机制。但需要注意的是，在坚持数据主权原则的前提下，还应当平衡好个人数据保护与地区经济发展之间的关系。如果只是将数据存储在国内，而未进行完整加密，也有可能因网络攻击而使数据泄露。在数据引领经济发展的新阶段，高度严格的数据本地化措施只会导致获取信息不充分和不对称现象的加剧，从而削弱我国在国际市场的竞争力。具体来说，对涉及国家安全的数据，应当制定严格的数据本地化措施，而对企业数据和非重要部门的公共部门数据，应采取更适合的灵活的策略和方式。一概而论地采取较强的本地化措施，可能会形成贸易壁垒，影响我国数字产业的发展[1]。此外，在数据主权优先、兼顾个人数据保护和数字贸易发展这一基本监管理念的指导下，梳理现有的法律制度，对各法规不一致的地方进行总结，在

---

[1] 田新月. 欧盟跨境数据流动法律规制研究［D］. 武汉大学，2020.

《网络安全法》或者未来可能建立的单独数据保护规则中，应形成协调一致、相互关联的法律框架体系，以便各个部门的监管者对跨境数据流动规则形成一致认识，在对内执法和对外谈判中统一立场。

2. 推动监管机关专业化

与一般的数据流动监管不同，数据的跨境流动特征决定了可能会存在多个国家的监管机构同时具备数据管辖权的情况，其中必然会涉及国家之间的监管协调问题。为了有效应对此类情况，在构建监管制度的过程中，各个国家的监管机构和监管规则必须足够完善。但是，当前《网络安全法》确立的以网信办为主导的数据监管部门体系的可操作性和实效性都难以保证。鉴于上述情况，我国客观上需要一个独立的数据主管机构专门负责数据跨境流动的监管工作，逐步推动监管机关专业化。独立的数据主管机构对内应完善国内数据规则适用的配套制度，统筹各行业部门的监管，保障国内数据规则的适用；对外应协调数据跨境流动管理的国际合作与交流，做好国内规则与国际规则的接轨。具体而言，一是我国可以参考美欧的监管协调机制，专门建立一个专业化的数据跨境流动监管机构，这个监管机构主要包含主管机构和各省各市县的监管机构；二是充分赋予监管机构协调监督的职责和权力，定期对各个分管机构的工作进行监督，积极听取各个分管机构的工作报告；三是对监管机构的受理案件进行深入分析，还可在必要时介入跨行业和跨境案件，在多部门联合活动中发挥突出作用，并承担争议协调责任；四是在立法中对监管机构的独立性和组织架构作出具体规定，确保监管机构的监管活动不受其他行政机关的干涉，不参与其他事项的监管活动。

3. 细化数据分级分类和审查制度

除立法碎片化、监管体系不完善的问题之外，数据跨境流动监管制度在数据分类方面也存在不足，不同类型的数据之间存在交叉情况，并未具体明确数据的分级和分类。必须在坚持保障数据安全基本原则的基础上，建立完善的数据跨境流动安全监管立法体系，在保障数据安全的基础上使数据流动发挥促进贸易的作用，推动贸易自由化进程，增强与国际规则的协调性。具体而言，应完善跨境数据分类和审核制度。对数据进行分类与审查，不但能够有效地鉴别各种数据所存在的安全风险，而且能够在保证数据安全的前提下，让数据自由流动，充分地发挥出数据的价值，所以，建立数据的分类与审查制度，是实现跨境数据流动安全监管的必要手段。对核心数据、重要数据和一般数据的范围进行合理界定，明确认定标准，多角度综合评估数据后进行归类，再对每类数据实施有针对性的差异化的政策[1]。此外，在对数据进行分类分级的基础上，对不同级别和类型的数据应采用更有针对性的管理方式，比如针对涉及个人隐私、商业利益和国家安全等各类数据的跨境评估内容、评估标准、评估程序等事项要进行细化，并对不同类型的数据制定不同的保护标准。一方面有助于实现我国数据跨境流动安全监管立法与国际监管标准的衔接，减少规则对数字贸易造成的障碍；另一方面，通过对数据进行精细分类，实现梯度化管理，有助于我国在国家安全和经济效益上达到平衡，实现双赢局面[2]。

4. 积极参与国际规则制定

目前，规范数据跨境流动的数字贸易规则正在形成中，我国作为移动互联网用户最多的国家之一，数字贸易水平不断提高，这为我国广泛地参与双边和区域规则谈判，在新一轮数字贸易规则的制定中提出跨境数据流动的中国方案创造了机遇。中国应该结合自身利益，积极参与跨境数据流动的国际规则构建中，防止在国际规则制定中面临被边缘化的风险。

一方面，我国应积极参与数字贸易谈判，促成双边及区域贸易协定

---

[1] 戴龙. 论数字贸易背景下的个人隐私权保护 [J]. 当代法学, 2020, 34 (01): 148 - 160.

[2] 严雨森. 个人数据跨境流动规制研究 [D]. 杭州师范大学, 2023.

中数据跨境流动规则的达成。在数字贸易谈判中，国家间数字技术水平的不平衡使各个国家在规则制定上的话语权严重失衡，这难免会导致与数据跨境流动相关的利益分配不公。为了增强规则制定的话语权，中国应当从国际社会已有的数据跨境流动规制实践入手，明确世界主要国家关于数据跨境流动的立场和态度，从各方的利益关切找到分歧的平衡点。我国应通过借鉴之前的经验，考虑各个国家的利益需求，结合自身的实际对现有的数据跨境流动规则进行创新，提出符合自身规制诉求的中国方案。此后，借助"一带一路"倡议、RCEP等自由贸易平台，中国应与主要的贸易伙伴签订包含数据跨境流动具体规则的双边或区域协定，通过主张并共享中国方案，推动各个国家在数据领域的监管和风险防控问题上达成共识，在数据跨境流动国际规则的制定中发挥建设性作用。

另一方面，我国应加入数据跨境流动的国际认证机制，完善本国的国际认证和互信机制。由于国际贸易谈判和协议都是基于本国经济实力和利益诉求做出的妥协，各个国家需要经历漫长的博弈才有可能促成新的国际互认机制。现阶段，中国在促成新的区域贸易协定时，可以立足本国的国际合作现状，考虑加入 APEC 的 CBPR（即跨境隐私规则）体系中，对照其中认证机制的要求，完善本国相关制度，形成与国际互认机制相协调的数据规则，此后引导企业积极参与 CBPR 体系的认证，以及在与欧盟的贸易中鼓励国内跨国公司采用欧盟委员会制定的 BCR（即约束性公司规则）的方式进行数据跨境转移。

第六节　数据跨境流动监管典型案例

作为长三角地区的领头羊，上海在数字经济的新征程中肩负着引领者的角色。2023 年 10 月 27 日，国际数据经济产业园在上海临港新片区隆重揭牌。上海临港国际数据港被定位为技术先进的国际化云数据中心和算力中心。该项目利用国际海缆登陆站的跨境连接和无延迟传输的优势，结合自贸区临港新片区的政策利好，积极探索跨境数据流动中心的建设，助力临港新片区实现数字化和国际化的跨越式发展。

上海临港国际数据港坐落于该片区的西南部，距离临港核心区域仅 9 公里，地理位置极为优越。特别值得一提的是，该项目不仅是中国联通战略规划实施的国家级重点项目，也是临港新片区国际数据港先导区的核心项目，对中国联通乃至国家数字经济的发展具有深远的影响。

一、临港新片区国际数据试验田

临港新片区数据经济产业园的实施方案明确指出，该产业园旨在建设成为国际数据合作的高水平桥头堡、数据跨境制度创新的高标准先行区、国际数据产业的高质量集聚地以及数据流通基础设施的高能级新枢纽。国际数据经济产业园位于临港新片区国际创新协同区，将遵循"启动区 + 拓展区 + 开放区"的三阶段开发战略，逐步构建成为"跨境数据流通和国际数据服务的示范样板区""创新活跃的国际数据产业集聚区"以及"业态多元、功能完善的国际数据经济产业开放生态圈"。临港新片区将把数据产业作为优先发展的核心产业，聚焦于国际规则的对接、企业的集聚发展、产业生态的培育以及优化配套服务。为此，临港新片区将推出一系列专项扶持政策，使入驻产业园的企业能够享受高标准国际通信算力设施的使用、科创孵化空间、领军人才的引进与培育、住房保障等多方面的优惠政策。

临港新片区数据跨境服务中心将聚焦探索便利化的数据跨境流动安全管理机制，更好地指导和服务企业数据跨境合规流动。国际数据港研究院将作为国际数据港建设的专业智库机构，以研究推动国际数据港建设和提升国际竞争力为中心，为参与全球数字治理提供理论支撑，探索前沿理论研究和技术应用。国际数据合作交流工作站将围绕国际数据合作开展对外合作，通过积极倡导"数字多方合作"，打造国际数据生态，推进国际数据合作交流。

此外，为进一步促进数据要素流通、加快国际数据产业生态发展，临港新片区在集聚了一批重点数据经济产业生态企业的基础上，吸引了25家首批生态企业入驻产业园，涵盖国际数据港场景应用、数据跨境流动支撑生态、数据基础设施和区块链应用四个领域。中法数字IP交易产业园建设项目、沪港数据中心项目、汽车数据流通项目、国际数据港规划研究项目四大重点场景项目已签署合作协议。

上海市国际贸易促进委员会、印度尼西亚中国商会总会、阿根廷（上海）创新中心、上海市香港商会、国际数据空间协会、英中商业发展中心等多个国内外的贸促机构和组织共同发布了《国际数据经济合作发展倡议》，以携手构建开放共赢数据领域国际合作格局为目标，倡导在全球范围内开展国际数据规则规制新对话、推动国际数据共享流动新融合、构建国际数据安全监管新体系、打造国际数据基础设施新通道、共营国际数据经济产业新生态。

总体而言，临港国际数据港展现了六大显著特点。第一，它体现了集约高效的特性。据透露，该项目的设计方案是根据实际情况量身定制的，并经过了22轮的迭代优化。最终，项目采用了大型单体、宽敞平面和大跨度柱网的设计，机房平面布局采用了蝶形设计，同时充分利用了地下和室外空间。在仅84亩的土地上，成功部署了14500架机柜，相当于每亩土地上产出173架机柜，这一数字远超行业平均水平的120架/亩。第二，项目具备弹性适配性。它能够满足客户多样化的应用场景需求，适应4~60kW的不同功率需求，既支持水冷机组方案，也兼容冷板式液冷和浸没式液冷方案。此外，该项目还具有高扩展性，通过楼层、楼内以及跨楼的调配，实现了电量和冷量的灵活调配，展现出高度的灵活性。第三，它注重绿色低碳。通过采用高效制冷、自然冷却、光伏技术以及冷源储备一体化和自研智能调优技术，使整体 PUE 值可降至 1.25 以下。随着液冷系统部署比例的增加，PUE 值将进一步降低，从而实现更加绿色低碳的运营目标。第四，项目稳定性可靠。机电架构坚固，供电和制冷系统均采用 2N 架构，确保了冗余备份，满足了"Uptime T3＋"和国家标准 A 级的要求。此外，外电容量充足，支持两路 160MVA 的供电，能够满足机柜高密度扩展的需求。第五，项目安全性能高。通过六重安防体系、通信线路三路由接入以及供电和制冷多重保护，确保了高度的安全保障。第六，项目实现了智慧运营。通过数字单兵、未来机房以及集约化智慧运营平台的结合，构建了一个大屏、中屏、小屏联动的智慧运营体系，确保了数据中心的智能化、高效和稳定运行。

作为对外开放的前沿阵地，临港新片区被定位为国际数据试验田。《上海市数据条例》明确指出，在临港新片区内探索建立低风险跨境数据流动目录，以促进数据跨境的安全与自由流通。

二、沪港科创生态圈

2023 年 3 月，上海临港集团与香港数码港签署了合作备忘录，双方将通过"姐妹园区"的模式，建立全面战略合作关系。未来，两港之间将构建起紧密且高效的园区互访和交流机制，加强科创产业信息的交流与资源的双向整合，共同打造一个先进、多元化且可持续发展的科创生态圈。作为上海自贸区临港新片区开发建设的主力军，临港集团董事长袁国华表示，与香港数码港建立全面战略合作关系，将为临港集团园区内的企业打开通往香港乃至全球的大门，助力临港新片区的国际化发展，并为其创造条件、对接资源、提供服务。同时，这也将为香港数码港及香港其他科技园区的企业进入上海和长三角地区，提供丰富的载体、空间和应用场景。香港数码港作为香港的数字科技中心和创业培育基地，已汇聚超过 1900 家初创企业和科技公司。在新一轮科创发展的大背景下，香港正致力于打造智慧城市。未来，数码港将成为香港的金融科技中心，预计超过半数的香港金融科技公司将汇聚于此。

香港数码港与临港集团全面战略合作关系的建立，将为两地的青年创业家及初创企业提供更丰富的资源和更广阔的机会，加强双方在创科产业的信息交流和资源整合。

第六章
自贸区数字化发展

　　数字化已成为推动经济社会发展的核心驱动力，使全球生产组织和贸易结构发生了深刻变革。2023 年，全国多个自贸区积极开展数字化转型，推进数字自贸区发展和数字化建设。数字化建设是赋能自贸试验区高质量发展、推动质量变革和效率提升、加快新旧动能转换的重要途径。提升自贸区国际贸易"单一窗口"的服务水平，就是要着力深化新一代信息技术与数字贸易、服务贸易、离岸贸易、口岸服务等的融合发展，不断优化整合"关、港、贸、航"等资源，实现口岸业务协同和数据共享。

第一节　自贸区数字化发展现状

一、自贸区数字化发展趋势

目前，我国已设立22个自由贸易试验区，国务院共印发了28个建设方案，推出3400多项改革试点任务，反映了我国自贸试验区建设的战略目标和建设思路逐步清晰和完善的过程，已形成上海自由贸易试验区与海南自由贸易港"双轮引领总体驱动"和其他自由贸易试验区差异化发展的基本格局，自贸试验区建设布局及层次基本定型。《中国自由贸易试验区十周年发展报告》显示，10年来，自贸区已累计形成七批改革试点，向国家推广了302项制度创新成果。依托政策创新红利，2024年上半年，22个自贸区以不到千分之四的国土面积，贡献了全国20.8%的外商投资和19.5%的进出口贸易，带动全产业链开放创新发展成效显著，形成了油气、生物医药、新一代信息技术、融资租赁等一批领先的产业集群。

自贸区以制度创新为核心，以对接国际最高标准、注重可复制的改革为原则，坚持因地制宜、突出地方特色，采用分阶段的渐进方式，提升投资和贸易便利化，促进创新和科技发展，扩大服务业和数字产业等重点领域对外开放，取得了积极成效。世界贸易组织预计，到2030年，数字技术将促进全球贸易量每年增长1.8%~2%。中共中央、国务院高度重视数字贸易工作，2019年11月，国务院出台《中共中央　国务院关于推进贸易高质量发展的指导意见》，明确提出要加快数字贸易发展，推进数字服务出口基地建设。2021年12月，国务院印发《"十四五"数字经济发展规划》，强调以数据为关键要素，以数字技术与实体经济深度融合为主线，协同推进数字产业化和产业数字化，赋能传统产业转型升级，培育新产业、新业态和新模式。党的二十大报告提出，要"推动货物贸易优化升级，创新服务贸易发展机制，发展数字贸易，加快建设贸易强国"。2023年6月，国务院印发《关于在有条件的自由贸易试验区和自由贸易港试点对接国际高标准推进制度型开放的若干措施》（以下简称《若干措施》），提出"在有条件的自由贸易试验区和自由贸易港聚焦若干重点领域试点对接国际高标准经贸规则"，并强调要"促进数字贸易健康发展"。

数字贸易是一种新型的国际贸易方式，它利用信息技术和网络，借助互联网实现数据的流动和交换，从而创造价值。数字贸易基于数据这一核心资源，以互联网平台为关键载体，以创新为驱动力，实现商业的跨区域融合。根据商务部《数字贸易发展与合作报告2024》，2023年中国跨境数字服务进出口总值达到3666亿美元，同比增长3.5%。从贸易顺逆差看，自2019年开始，我国已连续5年实现顺差，数字服务贸易净出口额在2023年达474亿美元，同比增长11.1%。商务部发布的数据显示，2023年我国可数字化交付的服务贸易规模达到2.72万亿元，同比增长8.5%。跨境电商实现蓬勃发展，2023年我国跨境电商进出口规模达到2.37万亿元，同比增长15.3%。同时，数字领军企业不断做大做强。截至2023年，中国市值超10亿美元的数字贸易企业已超200家。《2023全球独角兽企业500强发展报告》显示，全球独角兽企业500强中，中国企业已达到166家，位居全球第二，估值合计占总估值的35.55%。2023年我国数字经济规模达到53.9万亿元，占国内生产总值（GDP）的比重达42.8%，名义增长7.39%，已连续12年高于GDP增速；我国在人工智能、区块链、云服务、数字安全等前沿数字技术研发能力上已具有较强的国际竞争力，在电子商务、金融科技、智慧城市、数字政务、智慧医疗、智慧教育、数字社交等多元丰富场景营造方面也居于全球前列。我国已建成全球规模最大、数字技术领先的数字基础设施,算力总规模位居世界第二。数字政府建设成效显著,数字国际合作不断深化,推动数字经济战略已上升为国家战略。这些数字反映出中国数字贸易领域的强劲增长态势,也表明数字技术在促进全球经济合作和贸易中的作用日益重要,因此自贸区数字化是自贸区战略的必然选择。

二、我国自贸区数字化发展现状

(一) 数字贸易高水平对外开放取得重要突破

自贸试验区建设 10 年来,围绕提升开放水平、提高自由化便利化水平的制度创新,《外商投资准入特别管理措施(负面清单)》由 2013 年的 190 条缩减至 2024 年的 29 条,在推动全球数字贸易便利化、引进数字贸易高端研发机构、畅通技术跨境流动等方面发挥了重要作用。近年来,自贸试验区聚焦数字贸易、科技、互联网信息等重点领域加快开放,在进一步放宽数字领域市场准入的基础上,差异化地探索数字贸易开放模式。上海自贸试验区临港新片区提出将有序放开外商投资互联网数据中心等增值电信业务领域的准入限制,完善云计算等新兴业态外资准入与监管制度。目前,我国沿边自贸试验区通过寻找周边国家和地区的互补优势,实现跨境贸易、跨境物流等双向投资,并构筑内陆数字贸易开放新高地,构建全方位、多层次、宽领域的数字贸易发展格局。

(二) 数字贸易发展能级显著提升

10 年来,自贸试验区紧跟数字贸易发展形势,抢抓数字贸易发展机遇,在跨境电商、离岸贸易、海外仓等数字贸易新业态方面,自贸试验区加快推进贸易投资便利化改革创新,建立适应和引领数字贸易新业态新模式发展的规则体系,在巩固自身优势领域发展的同时,为我国数字贸易高质量发展提供了强大动能。2024 年,22 个自贸试验区进出口额达 8.45 万亿元,增长 10.3%,占我国外贸总额的 19.3%。

第六章　自贸区数字化发展

（三）对贸易增长的带动作用不断增强

自贸试验区积极推动数字技术与服务贸易深度融合，鼓励运用各种数字技术改造提升传统服务行业，在促进自身数字贸易发展壮大、率先成势的同时，成为带动所在地区贸易增长的重要引擎。

以上海为例，截至2022年，上海自贸试验区累计新设企业8.4万家。在上海自贸试验区建设的带动下，截至2022年，浦东新区累计新设外资项目18691个，累计外资注册资本2172.74亿美元，累计实到外资749.94亿美元。货物贸易规模从2013年的15505.6亿元增长到2022年的24616.6亿元。2023年浦东新区实现地区生产总值16715.15亿元，规模以上工业总产值13660.81亿元，租赁和商务服务业增加值943.21亿元，社会消费品零售总额4091亿元，以全市1/5的土地面积、1/4的常住人口，创造了上海35.4%的经济体量。

（四）数字贸易制度创新取得重要突破

制度创新是自贸试验区建设的核心任务。在数字贸易领域，多个自贸试验区在发展规划中明确将加快数字贸易开放试点探索、建设数字贸易先行区或示范区作为重点任务，并不断完善数字贸易制度体系建设，形成了大量的制度创新成果。如浙江自贸试验区在打造数字经济发展示范区方面持续发力，重点以杭州为核心，加大数字基础设施建设，推进数字经济领域国际规则、标准的研究。北京出台了《北京市数字经济促进条例》《北京市公共数据管理办法》《北京市关于促进数字贸易高质量发展的若干措施》等系列文件，谋划推动北京数据特区建设，数字贸易发展的政策支撑体系不断完善。

（五）数字贸易合作网络持续深化

10年来，各自贸试验区紧抓数字化发展大势，不断加强与"一带一路"共建国家及新兴经济体的数字贸易合作，促进我国数字贸易合作网络持续深化。在上海自贸区，"一带一路"多层次贸易、航运、金融和投资网络已经构建并铺陈开来,拓展了企业的金光大道。2022 年,浦东新区对"一带一路"共建国家和地区出口 2084.4 亿元,进口 3270.6 亿元,分别占全国出口总额的 2.64% 和进口总额的 5.51%。海南不断丰富与"一带一路"合作伙伴在经济、文化、教育等多领域的交流合作,2023 年,海南与"一带一路"合作伙伴的贸易进出口额达 1143.2 亿元,同比增长 20.9%。

三、我国自贸区数字化发展问题

(一)自贸区数字产业链基础薄弱

目前,自贸区的数字产业主要依靠制造业领域、商务领域、金融领域、生活娱乐领域、传统服务领域的转型发展,产业数字化程度较低。利用云计算、大数据、人工智能、区块链等数字技术发展的数字产业基础薄弱。自贸区的网络游戏和动漫产业等个人文娱服务的大部分业务采用了外包形式,尚未形成自有品牌,数字内容质量不高,并且缺乏原创性,数字经济产业链也不完善。例如,动漫产业与服装、玩具、出版等相关衍生品的结合不紧密,制造业与新型商业服务、互联网信息服务、新金融服务等服务业态结合不紧密。没有形成完整的产业链,缺少上下游产业间的互相带动效应。数字服务分工处于价值链中低端环节。以软件产业为例,美国拥有 Microsoft、Google、Oracle、Adobe、ANSYS 等全球软件巨头,主导了关键的基础软件领域,占据了全球软件收入的五成多。相比之下,我国处于跟随地位,仅在少数重点领域取得了突破。国内龙头数字平台企业的国际化程度偏低。UNCTAD 发布的全球数字百强跨国企业榜单中,我国仅有 4 家企业,不足美国的十分之一。这不利于带动国内中小数字服务企业"走出去",不利于从企业层面对国际数字规则的制定和执行施加影响,不利于打造和利用全球性数字生态。

（二）高层次数字贸易人才支撑不足且分布不均衡

国内基础互联网人才不断增多，但高端技术人才、拥有跨界复合背景的人才仍然处于短缺状态，高层次数字贸易人才支撑不足。互联网企业数量激增，但在工业企业数字化转型的背景下，了解工业知识、流程和业务的互联网人才较少。尽管各自贸试验区已出台了积极的人才政策以吸引人才，但这类高端人才大都集聚在北京、上海、杭州和深圳等数字经济本身就较为发达的城市。全国工业企业亟待数字化转型，但高层次数字贸易人才分布不均衡，不利于数字贸易的进一步发展。各自贸试验区如何立足于自身产业特点，招揽高端数字贸易复合型人才，仍是急需解决的问题。

（三）数字贸易创新能力有待提高

目前，自贸试验区存在创新能力不足、创新成效不显著等问题，创新驱动数字贸易发展迫在眉睫。第一，我国部分自贸试验区成立年限不长，而数字贸易是近几年才快速发展的新兴事物，各地自贸区发展数字贸易、进行数字治理等还处于初期探索阶段，创新举措可能存在滞后效应。第二，部分自贸试验区积极复制吸收诸如北京、上海等优秀自贸试验区的成功经验，但结合自贸试验区自身实际做出的原创性制度创新较少，创新程度较低，制度创新的差异化原则没有体现。第三，自贸试验区作为制度创新高地，在制定政策时应当充分结合各自贸试验区的发展目标、战略定位以及市场需求等，给予区内企业针对性的政策支持，但当前自贸试验区赋予的优惠政策存在一定的普惠性质。

（四）自贸试验区发展不平衡问题突出

各自贸试验区发展起点和基础不同，发展不平衡现象依然严重。长三角、京津冀、珠三角自贸试验区产业基础扎实，产业能级提升较快，而东北、边疆省区的自贸试验区工业基础薄弱，产业能级提升缓慢。比如，浙江自贸试验区集聚油气企业上万家，保税燃料油加注规模居全球第五;湖北自贸试验区聚集光电子信息企业超过1.6万家,成为中国光通信领域最大的技术研发和生产基地;安徽自贸试验区合肥片区集聚集成电路企业超300家,成功推动DDR4内存芯片国产化,大大缩小了与国外的技术差距;重庆自贸试验区打造智能终端产品制造研发基地,形成了年产1亿台(件)以上、千亿元级产值的产业集群。而一些边疆省区的自贸试验区虽然在重点发展产业上取得了一些进展,但总体而言没有形成规模集聚效应。

第二节 国内自贸区数字化改造探索

一、上海数字自贸区的建设经验

作为自贸试验区贸易便利化改革的重要举措,上海国际贸易"单一窗口"自2014年启动建设,截至2023年已形成16个功能模块、66项特色应用,覆盖通关作业全流程和贸易监管主要环节,推动长三角区域跨境贸易互联互通,服务超过60万家企业,每年节省贸易成本达20亿元以上。上海国际贸易"单一窗口"已成为支持全球最大口岸营商环境优化的"数字底座",为全国"单一窗口"建设奠定了基础,得到了世界银行营商环境评估的高度评价。

上海自贸试验区自2016年起已连续举办6届"'海创汇'1+N"系列活动,截至2022年已经吸引了来自欧洲、亚太、北美的39个国家和地区的近3500个优秀项目参与其中,推进了自贸区高水平人才高地建设。截至2022年底,上海自贸试验区累计实到外资586亿美元,约占上海市累计实到外资总额的30%。2022年区域进出口总额约占全国21个自贸试验区总额的30%。在上海自贸试验区的带动下,浦东新区

2022年实现地区生产总值16013.4亿元、规模以上工业总产值13390.2亿元，分别是2013年的2.5倍和1.5倍；累计认定跨国公司地区总部432家、外资研发中心突破250家，这两项数据均占全市的近50%。自2019年成立以来，临港新片区累计签约前沿科技产业项目投资额超5600亿元；主要经济指标保持快速增长，地区生产总值、规模以上工业总产值和全社会固定资产投资年均增速分别达到21.2%、37.8%和39.9%，成为全市经济发展新的增长极。

上海自贸试验区建设与国家战略契合，不仅将自贸区建设发展融入长三角一体化，更是为服务"一带一路"建设大胆进行了多项制度创新。比如上海依托自由贸易账户，通过"FTE+FTN"方式为企业参与"一带一路"建设提供了跨境金融服务。2022年，上海与"一带一路"共建国家和经济体实现人民币跨境收付占全国比重的34%。

二、杭州数字自贸区的建设经验

杭州片区在过去几年取得了很大进展。数字经济沃土支撑杭州成为国内首个数字自贸试验区，跨境电商9810模式在杭州首创首发，首届全球数字贸易博览会成功举办，吸引了800余家境内外头部企业参展，286家企业的315项产品"首发""首展""首秀"，37个杭州数字自贸区高质量发展项目现场集中签约，总投资达382亿元。据统计，杭州数字自贸区共有4项成果入选国家级案例，19项成果入选省级制度创新案例，39项成果入选省自贸区十大进展，牵头或参与制定的数字贸易领域标准已超30个。

在跨境电商领域，集成改革取得重大突破，打造了全国首个"跨境进口超期退货中心"试点，同时形成了通关监管、物流仓储、税务优化、金融外汇等八个方面46项制度集成创新。针对跨境电商企业需要跑海关、银行现场办税的不便，杭州数字自贸区探索跨境电商零售进口税款电子支付模式，使整个流程由原先的2个至3个工作日缩短至30秒。

杭州数字自贸区在开放带动研发方面显现出重大效应。其中，重点实验室加速推进，2022年新增2家省实验室，片区内省实验室达6家；重点平台加速落地，新增3个国家级服务出口基地；重点招商项目加速集聚，新增注册企业18587家，其中10亿元以上项目36个，拥有上市企业49家。数字安防、生物医药、智能汽车及装备、集成电路4个千亿级产业集群已基本形成。

三、福州数字自贸区的建设经验

推进制度集成创新。聚焦投资、贸易、金融等重点领域和关键环节，深入开展首创性、集成性改革探索，梳理上报第20批创新举措41项，其中，经省自贸办评估认定21项、全国首创8项。例如，建立"负面清单+准入前国民待遇"外商投资管理体制，实施企业登记多部门并联办理等制度创新，形成从企业登记到注销退出的全链条便利化措施；运用CTID网络数字身份证技术，打造自贸试验区"一码通办"办事大厅，对实行联合验收的工程建设项目实行"一口受理"，将竣工联合验收时间缩短至7个工作日。

培育优势特色产业。在跨境电商方面，成功举办2023年中国跨境电商交易会，推动纵腾集团在机场新设跨境监管中心，促成泛鼎集团在福州投资10亿元建设鼎菱产业园并落户总部。2023年1月至9月，跨境电商本地口岸进出口交易额39.46亿元人民币。在物联网方面，区内82家企业依托华为云创中心成功开展数字化转型，10款产品完成鸿蒙认证，马尾区成为全国首个产品批量完成鸿蒙适配的生态标杆区，区内物联网企业达254家。在整车口岸方面，引进国内创新的"一站式"汽车检测实验室，实现外贸汽车滚装出口、新能源汽车出口业务的"双突破"。在供应链平台方面，支持1233国际供应链管理平台优化升级，2023年以来新增入驻商品1493个，交易额达 258 亿元。

四、深圳数字自贸区的建设经验

深圳数字自贸区在过去数年间也积累了丰富而显著的建设经验，树立了全国乃至全球数字贸易创新的高地。深圳数字自贸区率先探索并实施了多项开创性举措，其中"数字丝绸之路"合作平台的建设尤为亮眼。深圳拥有跨境电商卖家超过 8 万家，约占全国的 50%，布局"一带一路"海外仓面积超 60 万平方米，全年对共建国家跨境电商进出口额达到 1706.15 亿元，同比增长 16.87%。深圳首创"数字港"模式，对旗下盐田港区、大铲湾港区、深汕小漠港区等 14 个国内外大型港口进行了数字化升级，使深圳港的进口集装箱单证办理时间大幅缩短，平均从 24 至 48 小时降至 4 个小时以内，并搭建"盐田港区块链无纸化换单平台"，解决了长期以来共舱集装箱无法在线放货的难题。

2016 年深圳获批成为全国第二批跨境电子商务综合试验区（以下简称"综试区"），截至目前，深圳综试区内注册的跨境电商企业已超过 5000 家，其中不乏众多行业领军企业和创新型中小企业。综试区内已建成总面积超过 100 万平方米的现代化仓储设施，以及多条高效、智能的跨境物流线路，积极组织企业参加国际知名跨境电商展会，如广交会、中国国际进口博览会等，累计参展企业超过 1000 家。

深圳自贸区积极运用互联网技术推进政务数字化发展，到 2025 年，深圳计划实现每万人拥有 5G 基站数超 30 个。从 2023 年开始，深圳全市所有新建（立项、核准备案）工程项目（投资额 1000 万元以上，建筑面积 1000 平方米以上）全面实施 BIM 技术应用，使数字经济快速发展，数字经济核心产业增加值占全市 GDP 比重达到 31%，软件业务收入突破 1.2 万亿元，5G、人工智能、软件与信息服务业等数字经济细分领域发展领跑全国。

五、南京数字自贸区的建设经验

南京数字自贸区坚持以制度创新为核心任务,着力在现代产业发展、开放功能培育、创新要素汇聚等重点领域推进集成化、差异化改革,总体方案任务实施率达98%,累计形成220多项体现首创性的制度创新成果,其中11项在全国复制推广,52项在全省复制推广,为区域高质量发展闯出一条新路。首创全国"海外仓离境融"服务模式,海外仓出口企业贸易融资3个工作日即可到账,"海外仓离境融"探索构建金融服务新模式案例入选商务部"外贸新业态优秀实践案例",已有9家试点企业获得近3000万元优惠利率贷款;推行"保税仓库出入库全链数字监管新模式",出入库审批时间由3个工作日缩短至半小时;推进新能源汽车出口业务成为外贸新增长点。在国际人才服务方面,南京自贸区通过整合窗口、流程,实现外国人来华工作许可、工作类居留许可一窗一站式联动办理,两证同时领取,同时,审批时限由原来的25个工作日缩短为10个工作日。

2022年,南京市实现数字贸易进出口额超780亿元,同比增长17%。跨境电商是南京外贸新业态中的亮点,全市跨境电商进出口额占江苏全省的比重约50%。南京具备相对齐全的软件、法律、外汇收支等服务行业,政府部门也注重引导,不管是苏美达、苏豪等国有企业,还是民营企业,做跨境电商的氛围都比较好。金融机构、供应链管理公司等可提供跨境电商卖家资信评估、数字风控和数字供应链管理解决方案。近年来,自贸试验区南京片区以数字贸易为抓手,积极发展跨境电商、市场采购等外贸新业态新模式,出台《关于促进江北新区跨境电子商务产业生态构建的若干政策(试行)》,打造数字贸易特色集聚区。目前,江北新区(自贸试验区)已拥有两个市级跨境电子商务创业创新孵化基地试点、两个省级海外仓,集聚了50多家跨境电商企业。

南京自贸区上线全国首个自贸协定惠企"一键通"平台，实现关税优惠一键查询、原产地规则一键判定，注册企业已经突破9000家；落地江苏海事局政务中心、船员考试中心等机构，实行诚信海轮"直进直靠、直离直出"的运输保障模式。积极拓展通关一体化模式下的二手车出口业务，二手车出口创汇较2021年增长了729.2%。在跨境电商方面，升级打造江北新区跨境贸易数字公共服务平台。该平台汇聚国际物流及海外仓企业近10家，覆盖亚洲、欧洲、美洲等海陆空线路及各类仓储功能，并集成亚马逊等10余家电商平台，提供从网络开店、运营服务、独立站开设、VAT申报到营销推广的一站式网络电商服务平台等相关服务资源。依托江北新区跨境电商产业园，以"一个服务帮办窗口、一条国际数据专线、一套量身定制的产业政策、一群生态合作伙伴、一批优质跨境电商企业"为特色，发展数字贸易新业态。南京自贸区先后建设了IPv6根服务器（南京）节点、中国移动长三角（南京）云计算中心、扬子江数字金融平台、碳擎数字化碳管理与核查系统云平台等，将为跨境数据流通场景提供必要载体。跨境电商融资平台"海外仓离境融"的落地，有力纾解了南京自贸区跨境电商企业的融资困境；江苏苏美达科技设备有限公司成为全省首家采用通关一体化模式报关出口产品的企业，进一步提升了南京自贸区外贸出口效率。此外，智能制造产业园2022年成功入选省级跨境电子商务产业园，为南京自贸区外贸发展打造新引擎。丝路之舟出口的产品采用"市场采购+跨境电商"新模式，为南京自贸区数字外贸探索出独具特色的跨境贸易发展模式和经验，具有创新突破作用，南京自贸区跨境电商产业业态迈出了新的一步。

第三节　自贸区数字化改造的政策支持与保障

一、国家层面政策支持导向

2023年6月9日商务部发布了《自贸试验区重点工作清单（2023—2025年）》，该清单旨在明确未来三年内自贸试验区的重点工作方向，推动高质量发展。其中，数字化改造作为提升自贸试验区竞争力的重要手段，得到了高度重视，数字化改造的具体规划也将落实。清单中明确提出要推动数字经济产业发展，支持高新技术产业，并鼓励自贸试验区利用数字化手段促进传统产业转型升级，例如上海自贸区和浙江自贸区要聚力发展数字经济，有序推进数字人民币研发试点和跨境数据流动便利化试点。此外，清单强调要推进政府服务的数字化转型，提升服务效率和透明度。具体措施包括推进"一网通办"和加强数据应用与监管。清单还规划了加强信息通信网络建设、建设数据中心和云平台等数字化基础设施的任务，例如加快建设数据交易所和完善信息通信网络。清单明确了数字化改造的方向和目标，为自贸试验区提供了具体的政策指导和支持。

2023年，中共中央、国务院印发了《数字中国建设整体布局规划》（以下简称《规划》），旨在推动数字技术与经济、政治、文化、社会、生态文明建设的深度融合，全面提升数字中国建设的整体性、系统性、协同性。《规划》的出台，标志着数字经济已被放到更重要的位置，数字中国建设已成为推动中国式现代化的重要引擎。自贸区作为改革开放的排头兵和制度创新的高地，其数字化建设不仅是响应国家政策的需要，更是提升自身竞争力的关键。《规划》提出，加强数字基础设施大动脉建设（如 5G 网络、千兆光网、IPv6、移动物联网、北斗系统等），为自贸区数字化提供了强大的基础设施保障。《规划》提出，要做强做优做大数字经济，推动数字技术和实体经济深度融合，在农业、工业、金融、教育、医疗、交通、能源等重点领域加快数字技术创新应用，自贸区可以结合自身优势和发展方向，聚焦数字经济核心产业，打造具有国际竞争力的数字产业集群。

中共中央办公厅、国务院办公厅于 2024 年 8 月 17 日联合发布了《国务院办公厅关于数字贸易改革创新发展的意见》（以下简称《意见》），《意见》的出台，旨在促进数字贸易改革创新发展，为培育对外贸易发展新动能新优势、加快建设数字中国、贸易强国作出更大贡献。《意见》提出，要推动数字订购贸易高质量发展，鼓励电商平台、经营者、配套服务商等各类主体做大做强，加快打造品牌；还要推进跨境电商综合试验区建设，支持"跨境电商+产业带"发展，推进数字领域内外贸一体化。跨境电商综合试验区是自贸区数字化建设的重要组成部分，在该政策的支持下，自贸区通过提供优惠的税收政策、良好的营商环境以及先进的数字技术支持，能够吸引更多的电商平台、经营者和配套服务商前来投资兴业。这些主体在自贸区内的发展壮大，将带动整个数字贸易产业链发展，并形成良性循环。

国家层面的政策导向不仅为自贸区的数字化转型提供了坚实的理论基础，还通过一系列具体、可行的措施，为自贸区的实践探索指明了方向。从推动数字贸易创新发展、深化服务贸易开放，到提升货物贸易自由化便利化水平，再到率先实施高标准数字贸易规则，每一项政策都紧密围绕着自贸区数字化改造的核心需求，旨在构建更加开放、包容、普惠、平衡、共赢的数字贸易体系。另外，国家还颁布了其他相关政策，实施优化营商环境、强化知识产权保护、促进数据安全有序流动等措施，为自贸区的数字化改造提供强有力的法治保障和市场环境。这些政策的出台，不仅体现了国家对自贸区数字化改造的高度重视，也彰显了我国在数字贸易领域积极参与国际合作、推动构建人类命运共同体的大国担当。

二、地方政策的支持与实践

2023年11月，上海市政府发布了《中国（上海）自由贸易试验区保税区域数字化转型三年行动方案（2023—2025年）》（以下简称《方案》）。《方案》涉及的保税区域范围涵盖上海外高桥保税区、上海外高桥港综合保税区和上海浦东机场综合保税区三个海关特殊监管区域，是我国海关特殊监管区域的启航地、自贸试验区的策源地，承担着为全面深化改革和扩大开放探索新路径、积累新经验的重要使命。《方案》的工作目标包括数字基建更加稳固、信息共享更加完善、治理手段更加高效、经济发展更加强劲、服务供给更加优化。为了完成夯实智能互联新基建、完善信息共享管理体系及加快数字化应用场景建设的主要任务，《方案》提出完善网络设施布局和建设一体化信息管理服务平台的具体举措。在指导加快数字化应用场景建设的部分，《方案》将实施举措细化为推动城市数字化治理方式、提升经济治理能力、完善数字化监管三部分。为了更好地开展工作，《方案》在结尾部分附上了"保税区域数字化转型三年行动方案任务分工表"，将各部分任务明确分工到具体部门，极大地增强了改造工作的可行性和可操作性。

中国（福建）自由贸易试验区厦门片区管理委员会于2021年6月11日印发了《福建自贸试验区厦门片区促进数字化发展的若干措施》（以下简称《措施》）。《措施》主要包括三方面的改进举措：在支持数字技术应用方面，《措施》指出要给予数字化企业资金奖励和给予数字化重点项目贷款贴息，除此之外，还要建设一批数字领域示范工程，对符合条件的优秀项目或工程给予奖励。在支持创新载体建设方面，《措施》提出支持企业建设贸易数字化平台、数字供应链平台等数字综合服务平台，并支持企业在厦门片区建设数字领域重点创新实验室、技术创新中心、数字化转型促进中心,对符合条件或获得省级行业主管部门认定的项目给予相应补助或者奖励。在支持开拓数字领域市场方面,《措施》支持企业开展数字化认证服务,对通过相关评价的企业给予相应费用补贴,除此之外,政府支持制定数字经济标准,对作为第一企业起草单位参与数字应用标准制定的企业按照国际、国家和行业标准进行奖励。

《措施》详细列举了自贸区数字化改造的举措并给予相应奖励,极大地激发了有关企业和平台的积极性,能够有效推进《措施》的实施。

2022年10月,昆明国家级经济技术开发区发布了《昆明经开区(自贸试验区昆明片区)支持数字经济发展措施》。该政策的出台旨在抢抓数字经济产业密集创新和高速增长的战略机遇,加快推动数字产业化、产业数字化、资源数字化,努力在构建数字经济新业态、新模式等方面取得突破,着力打造数字经济示范园区。在数字产业化方面,该措施明确指出重点支持以光电子、通信导航、计算机及电子元器件、广播电视设备等为代表的电子信息产业,以及与之配套的数据集成、软件开发、离岸服务外包、技术服务等产业发展;提出用地与财政优惠,即对符合单位产出、投资强度、税收强度的项目,从取得土地后,按照协议约定时间竣工投产的,给予连续三年的经济贡献奖励,后续年份也有相应比例的奖励;提供企业升规入统奖励,即鼓励电子信息类企业和数字经济服务业企业升规发展,对首次升规入统满一年且保持正增长的工业企业、数字经济服务业企业,分别给予一次性奖励。

在支持产业数字化方面,该措施提出要搭建数字经济创新中心,并对获得数字经济示范项目的企业给予资金支持。在推进资源数字化方面,加强数字基础设施建设,即推进"智慧杆塔"建设和一杆多用,免费开放公共建筑和杆塔等资源。对符合政策方向的数字经济产业企业,给予年度使用费用50%的扶持,以降低企业运行成本。数字平台开放共享,即支持行业领军企业在区内建设数字经济产业公共技术服务平台,并根据平台建设投资情况给予扶持。该措施在每条举措后面均指明了具体负责部门,通过促进贸易便利化、推动产业升级转型和加强国际合作与交流等措施,推动自贸区的数字化建设取得更加显著的成效。

三、政策执行与监督机制

(一) 政策执行现状

1. 政策响应速度与覆盖范围

随着数字经济的蓬勃发展和国家对自贸区数字化改造的重视,各级政府和自贸区管理机构对数字化改造政策的响应速度显著提升。政府能够迅速认识自贸区数字化改造的紧迫性和重要性,并快速出台相关政策,为自贸区的数字化转型提供有力支持。

例如,在浙江自由贸易试验区中,浙江省人民政府办公厅印发了《中国(浙江)自由贸易试验区提升行动方案(2023—2027年)》。该行动方案重点部署了大宗商品配置能力提升行动、数字自贸试验区提升行动、国际贸易优化提升行动、国际物流体系提升行动、项目投资提升行动、先进制造业提升行动、制度型开放提升行动、数智治理能力提升行动八个方面的具体举措,对浙江省自贸区数字化改造具有总体指导作用。此外,浙江自贸试验区内的金华东阳联动创新区探索了影视产业数据场景化应用,建立了所谓的"影视文化产业大脑",实现了对海量数据的整合,包括拍摄点位、服化道信息、演员的招募与匹配等,助力数字文化产业的提能升级。余杭大数据公司在浙江自贸试验区的背景下,依托浙江大数据交易中心,探索以数商联盟为载体,构建"政府指导+政企合作+市场运作"的工作机制,积极推动数商生态体系的构建,并致力于打造浙江大数据交易服务平台余杭专区范本。

2. 政策执行力度与效果

在自贸区数字化改造政策的执行过程中，各级政府和自贸区管理机构通常表现出较强的执行力度。政府通过细化政策措施、明确责任分工等方式，确保政策能够深入实施。同时，政府还不断加强与自贸区的沟通协作，共同推动政策落地见效。

重庆自由贸易试验区在数字化改造政策的执行上表现出强大的支持力度。该自贸区坚持以制度创新为核心，以可复制可推广为基本要求，不断完善制度创新的全流程管理体系。例如，在数字经济领域，重庆自贸试验区推出了多项创新案例，如渝中板块探索"数字金融纠纷线上审理新模式"，实现了数字金融纠纷的智能化、流程化、批量化全线上闭环处理，有效解决了数字金融纠纷立案难、举证难、送达难等问题；江北板块依托西部数据交易中心探索构建了"数据产品交易全链条服务新模式"，该模式旨在通过搭建数据产品交易平台，提供从数据产品开发、交易、交付到售后服务的全链条服务，促进数据要素市场的健康发展。这些政策的实施不仅促进了数字经济的快速发展，还提升了自贸区的治理水平和服务质量。据统计，重庆自贸试验区已培育重点制度创新成果166项，在全国复制推广8项，在全市复制推广136项，取得了显著的实施效果。

（二）监督机制构建

数字化改造不仅意味着技术层面的革新，更是一场深刻的治理变革，它要求自贸区在提升服务效率、优化营商环境的同时，必须建立一套科学、高效、透明的监督机制，以确保政策的有效执行和目标的顺利实现。监督机制作为自贸区数字化改造的重要保障，其核心在于通过多元化、全方位的监督手段，确保政策执行的规范性、公正性和可持续性。下面我们将深入探讨自贸区数字化改造中监督机制的构建，从第三方评估的引入、公众监督的强化、定期审计的实施等多个维度出发，分析这些监督机制如何相互作用，共同构成一个全面、有效的监督体系。

1. 第三方评估

引入具有专业背景和独立性的第三方评估机构，对自贸区数字化改造政策的执行效果进行全面评估。评估内容包括政策目标的达成度、资金投入的效益、公众满意度等多个维度。

2021年10月1日，中国（海南）自由贸易试验区反垄断委员会办公室印发了《公平竞争审查第三方评估办法（试行）》。该办法的出台，旨在通过引入第三方评估机构，对政策措施进行客观、公正、专业的评估，以确保政策措施符合公平竞争原则，维护市场秩序，促进经济发展。该办法主要包括评估原则、评估机构、评估内容、评估程序、评估结果应用，其中，评估机构部分规定了第三方评估机构的资质要求、选择程序、权利义务等。评估机构应具备与政策制定机关及评估事项无利害关系、具备相应评估能力等条件；评估内容部分明确了第三方评估的主要内容，包括对政策措施是否违反公平竞争原则进行审查，提出评估意见和建议等。引入第三方评估机构，可以充分利用其专业性和独立性，提高公平竞争审查的质量和效率，促进政策措施优化，提升政府公信力。

2. 公众监督

公众监督的核心在于赋予民众对公共事务的知情权、参与权和监督权，确保政府决策与行为在阳光下运行。公众监督打破了传统治理模式中信息不对称的壁垒，公开透明的机制设计使民众能够直接参与政策制定、执行及效果评估的全过程，从而增强政策的科学性、民主性和可接受性。

广东自贸试验区在公众监督方面采取了一系列具体且富有成效的举措，一方面提升信息公开与透明度，通过官方网站、政务微博、微信公众号等新媒体平台，建立"阳光政务"平台，及时发布政策文件、工作动态、数据报告等信息，确保公众能够便捷地获取自贸试验区的相关信息。另一方面，建立公众参与机制，如在线意见箱、电话热线等，鼓励公众就自贸试验区的政策、项目等提出意见和建议。这些意见和建议将作为政策调整和服务改进的重要参考。定期组织公众座谈会、听证会等活动，邀请公众代表、企业代表、专家学者等参与讨论，直接表达诉求和关切。这些举措不仅增强了公众对自贸试验区的信任和支持，还提升了自贸试验区的政策执行效率和服务质量，促进了其可持续发展。

3. 定期审计

定期审计作为内部控制体系的重要组成部分，不仅是对过去一段时间内组织财务状况、运营效果及合规性的一次全面体检，更是对未来潜在风险的有效预警。它通过对财务数据、业务流程、内部控制机制等多维度的深入审查，帮助管理层及时发现并纠正错误，预防舞弊行为，确保财务报告的真实性和准确性，从而增强投资者、监管机构及公众对组织的信任。

临港新片区管理委员会为加强审计整改工作、推进审计结果运用，制定了《中国（上海）自由贸易试验区临港新片区管理委员会审计整改与结果运用实施办法》。该实施办法明确了审计整改责任主体与分工，对于上级审计发现问题的应整改事项，涉及新片区管委会层面的，由财政部门牵头组织整改工作，各职能部门或单位负责落实整改任务；对于仅涉及新片区管委会单个专项资金、部门或下属单位的，由资金使用主体、相应部门或单位负责整改工作，财政部门予以配合。此外，该实施办法制定了审计整改程序和要求，规定了审计整改结果报告的内容，为临港新片区的审计整改工作提供了明确的指导和规范，有助于加强审计监督、提升管理水平、促进党风廉政建设。

第四节　自贸区数字化典型案例

一、厦门自贸区数字化改造案例

（一）自贸区数字化改造的提出

在全国自贸区层面，厦门较早（2019年）提出了建设"数字自贸区"理念，参照《国家数字经济创新发展试验区（福建）工作方案》，围绕厦门自贸片区贸易、口岸、开放等，着力打造全国数字自贸区建设的样板。

厦门市邀请了国内高端智库机构——中国电子信息产业发展研究院（赛迪）开展《厦门数字自贸试验区"十四五"规划》专题研究，制定了《厦门自贸片区打造数字自贸试验区三年行动方案》，发布了《加快促进中国（福建）自由贸易试验区厦门自贸片区数字化发展的意见》《福建自贸试验区厦门片区促进数字化发展的若干措施》《厦门市加快数字经济发展行动计划（2024—2025年)》等。

在数字赛道上，厦门自贸片区不断奋勇争先，大力推动数字经济驶入快车道，着力从数字基建、数字产业、数字监管、数字服务等方面发力，建设贸易数字化示范区、产业数字化先行区和数字创新服务样板区。

（二）数字自贸区建设目标及政策保障

1. 数字自贸区建设的三大目标

第一，打造贸易数字化示范区。更好发挥供应链等特色优势，争取在供应链数字化转型、文化贸易等方面领跑全国。第二，打造产业数字化先行区。加快产业数字化转型，大力发展数字产业，大力支持创新产品和服务模式。第三，打造数字创新服务样板区。创新数字监管、数字服务等数字治理模式，打造开放、健康、安全的数字生态。

2. 数字自贸区建设的保障体系

（1）厦门数字自贸区建设的组织机构。厦门市委、市政府研究成立了专门的数字自贸区工作领导小组，安排由市主要领导挂帅，定期召开自贸区工作领导小组会议，研究数字自贸区建设工作方案。

建立数字自贸区专业机构。联合中国电子信息产业发展研究院（赛迪）、京东集团、北京国研数通软件技术有限公司等数字领域行业领军企业和研究机构，挂牌成立了央地合作的专业数字化促进中心——厦门自贸数字化促进中心。

（2）厦门数字自贸区建设的政策举措。出台专项扶持政策。强化自贸特色和需求导向，出台了《福建自贸试验区厦门片区促进数字化发展的若干措施》，从支持数字技术应用、支持创新载体建设、支持数字领域市场开拓三个维度提出7条有力的扶持举措。

争取创新支持。与商务部配额许可证事务局签订了贸易数字化战略合作协议，许可证事务局同意把厦门自贸片区作为贸易数字化示范区给予重点指导和支持。

（三）厦门数字自贸区建设的主要成效

1. 以智慧港口为重点，着力打造数字基建新示范

加大智慧港口建设投入，将远海码头建成全国首个5G全场景应用智慧港口，海润码头率先完成传统集装箱码头全智能化改造。建设厦门自贸片区数字空间平台、企业综合信息基础平台，全面建立厦门自贸片区一体化空间数据底座。

2. 以贸易数字化为核心,着力打造数字产业新模式

培育一批数字贸易行业标杆企业:建发集团搭建"纸源网"数字化协同平台;国贸集团打造"国贸云链";象屿集团建设智慧物流平台,通过数字化平台建设赋能供应链创新发展。

3. 以厦门国际贸易"单一窗口"为支撑,着力打造数字治理新样板

率先建成国内领先的厦门国际贸易"单一窗口",成为全国自贸试验区首批"最佳实践案例""2019中国改革年度优秀案例"。逐步升级建设大数据服务中心,成为亚太示范电子口岸网络(APMEN)国内仅有的两个成员口岸之一。上线厦门港引航船舶信息可视化平台,在全国率先实现引航、拖轮、码头、航商、船舶代理等多部门协同管理和作业信息全程可视化操作。建设数字口岸平台,整合口岸监管信息化项目和数据资源,以数字监管推动智能监管。

4. 以跨境电商综合服务平台为抓手,打造大数据全产业链综合服务

2021年10月,跨境电商综合服务平台正式上线并启动运营。这是厦门自贸片区推进贸易数字化、提升跨境电商服务数字化水平的举措之一。新平台依托厦门国际贸易"单一窗口",在原跨境电商公共服务平台基础上升级,为跨境电子商务企业提供通关、政策、信用、物流、培训、大数据等全产业链式综合服务。平台进一步整合电商资源,连通跨境电商产业链上下游,实现跨境电商业务一站式办理,大大缩短了企业和个人的通关时间,并降低了成本。平台旨在挖掘外贸新动能,助力数字跨境电商生态圈的形成,协同推进数字产业化、产业数字化。目前,雨果网、厦门亿丰、中外运等40余家头部跨境电商服务商已入驻平台。2024年,厦门跨境电商进出口同比增长51.1%,其中出口同比大幅增长53.5%,拉动厦门市出口增长2.8个百分点。

二、杭州自贸区数字化改造案例

(一) 自贸区数字化改造的提出

早在 2020 年,中国(浙江)自由贸易试验区杭州片区依托数字经济发达、电商发展强劲等核心优势,借数字之力构建发展框架,开启了全新的数字自贸区探路之旅。

2021 年,杭州自贸区片区委托"之江实验室",研究发展数字自贸区问题。同年 7 月,浙江省委、省政府印发了《关于大力发展数字贸易的若干意见》。这是浙江省高水平打造数字自贸区、全球数字贸易中心的指导性文件。根据该意见,浙江要建设数字产业集聚区、数字金融创新区、数字物流先行区和数字监管标杆区"四区",明确了提升完善数字贸易产业、平台、生态、制度和监管体系五方面共 19 项举措。

(二) 数字自贸区建设的目标及政策保障

1. 数字自贸区建设的目标内容

着力打造五区:数字产业集聚区、数字金融创新区、数字物流先行区和数字监管标杆区。

构建五大体系:构建涵盖数字贸易产业、平台、生态、制度、监管的五大体系,建设形成全球一流的跨境电商示范中心、全球跨境支付高地、数据综合开发利用示范高地等。

2. 数字自贸区建设的五大举措

(1) 聚焦五大产业生态圈。围绕杭州建设智能物联、生物医药、高端装备、新材料和绿色低碳五大产业生态圈,着力推进自贸试验区内 127 个、超 1400 亿元项目的开工、竣工和投产,为经济稳进提质提供支撑,高水平重塑全国数字经济第一城。

(2) 实施五大提升工程。实施数字贸易、产业、金融、物流、治理五大提升工程,丰富杭数交业务场景模式,抓好数据出境安全评估工作，实施 QFLP 试点、特殊生物制品联合监管试点建设，加快形成一批具有全国影响力的集成创新成果。

（3）做强五大开放平台。推进跨境电商综试区、临空经济示范区、服务贸易创新发展示范区、服务业扩大开放试点和丝路电商合作先行区五大开放平台创新联动，努力打造新时代改革开放新高地。

（4）构建五大千亿级产业集群。持续释放自贸试验区制度创新红利，加快形成智能物联、生物医药、高端装备、新材料和绿色能源五个千亿级产业集群，核心区块实现工业亩均增加值超 1600 万元，税收超 225 万元，成为全省"亩均论英雄"领跑者。

（5）开展"五个一百"行动。借助数贸会举办契机，汇聚百个招商引资目标项目，邀请百个数字贸易龙头企业，遴选百个数贸会合作机构，打造百亿元以上产业基金池，完成百亿元以上签约投资额。

（三）数字自贸区建设的八大标志成果

1. 以办好全球数贸会为发力点，发布全球数字贸易、中国数字贸易百强榜。

2. 以深化跨境电商综试区建设为引领，培育 1000 万美元以上的跨境电商品牌企业 500 家、数字贸易品牌 300 个，打造全球一流跨境电商示范中心。

3. 以推进数字人民币跨境支付为突破口，实现覆盖国内 70% 以上的市场主体、全球 90% 以上的国家，打造全球跨境支付高地。

4. 以推动 eHub 全球节点建设为引擎，构建全球唯一的"123 快货物流圈"，打造亚太门户空港枢纽。

5. 以推进数据要素市场化改革为切入点，抢占全球数字产业发展先机，打造全国数据综合开发利用示范高地。

6. 以服务业扩大开放综合试点为载体，形成一批放宽服务业市场准入的"杭州举措"，打造服务业扩大开放重点城市。

7. 以争创国家级服务贸易创新发展示范区为动力，全面深化服务贸易创新发展试点，冲刺全国前三，打造具有全球影响力的服务贸易强市。

8. 以对标 CPTPP、DEPA 等国际高标准经贸协定为契机，落地一批国家级压力测试，打造接轨国际经贸协定试验区。

（四）大力推进数字自贸区人民币国际结算

1. 全力打造连连国际跨境结算平台

"连连国际"（LianLian Global）是连连数字集团旗下的核心企业，是经中国人民银行批准的开展国际人民币结算业务的金融结算平台。目前，连连国际已经成为我国人民币全球跨境支付高地。

浙江连连国际具有以下特点。

企业定位：中国跨境贸易中支付金融与服务领域的综合创新型企业，以强大的合规安全实力和科技创新能力，搭建了畅达全球的支付金融网络与覆盖企业全生命周期的贸易服务网络。

业务范围：打造了集一键开店、全球收付款、收单、全球分发、汇兑、融资服务平台、退税等服务于一体的一站式跨境贸易服务平台。

平台优势：持有境内外"60＋"个支付牌照及资质，安全合规；业务覆盖"100＋"个国家和地区，在全球设有12个办公室；拥有全球支付伞形母子账户系统，可助力企业多平台、多地域全球分账，支持"150＋"种币种无损流转，能归集"70＋"个电商平台直连资金，秒级到账。

服务对象：服务超490万家跨境企业，包括初创电商卖家、多平台卖家、品牌商及独立站商户等，也为游戏企业、MCN 机构、技术服务开发商等解决跨境资金收付难题，还能满足全球院校、租房机构等复杂支付需求。

2. 自贸区跨境支付发展

自贸区杭州片区滨江区块的连连数字先后在多个国家和地区获得

60 余张支付牌照及相关资质，27 家银行、非银行支付机构合作开展收单业务，支持约 50 家全球主流电商平台、近 100 个站点的跨境收款功能，覆盖 100 多个国家和地区，累计服务超过 110 万家中国跨境电商店铺。连通（杭州）技术服务有限公司由连连数字与美国运通联合成立，是国内目前唯一获得中国人民银行授予的银行卡清算业务许可证的合资银行卡清算机构，获准在我国境内拓展成员机构、授权发行和受理"美国运通"品牌的银行卡。

2021 年连通公司旗下平台连连国际接入巴西 Pix 即时支付系统，并联手数字支付公司 Visa 及发卡机构，发布全球商务支付解决方案。2021 年连连泰国子公司面向当地市场正式上线一站式综合支付解决方案。2021 年，连连新加坡子公司被新加坡金融管理局授予大型支付机构牌照。2021 年 12 月，连连数字取得了美国全境支付相关牌照，成为中国数字服务出海新名片。2023 年，连连数字支付上线了美国运通无卡快捷支付业务，持美国运通人民币信用卡的用户可通过连连支付合作的线上平台进行支付交易。数据显示，目前连通公司已经和 19 家发卡银行合作推出近 70 款美国运通品牌的人民币卡，并携手四大头部移动支付平台实现了境内移动支付商户全覆盖。

2024 年，连连国际宣布与全球领先的支付处理机构 Thredd 达成合作。连连国际选择 Thredd 为其虚拟卡产品（越达卡）提供支持，进而助力客户更轻松地管理国际业务，以及在全球范围内实现更高效、透明、安全、低成本的交易。

第七章
跨境电商发展

跨境电商，是指分属不同关境的交易主体通过电子商务平台达成交易、进行电子支付结算，并通过跨境电商物流及异地仓储送达商品，从而完成交易的一种国际商业活动。当前，电子商务正处于高速发展中，是我国外贸增长的重要抓手，也是我国今后发展的重点。跨境电商综合试验区的设立，为我国进出口贸易开辟了新的、更为便捷的通道，从而进一步促进了外贸行业的蓬勃发展。本章将从发展现状、政策变迁、实践优势、挑战与建议、跨境电商典型案例这五个方面介绍跨境电商的现状与实践经验。

第一节　跨境电商发展现状

一、市场结构与规模

中国跨境电商规模持续扩大，逐渐成为外贸增长新引擎。跨境电商进出口规模持续扩大。海关总署数据显示，2024年，中国跨境电商进出口总额达到2.63万亿元人民币，同比增长10.8%，增速明显超过同期中国外贸整体增速，2019—2024年的具体数据见图7-1。

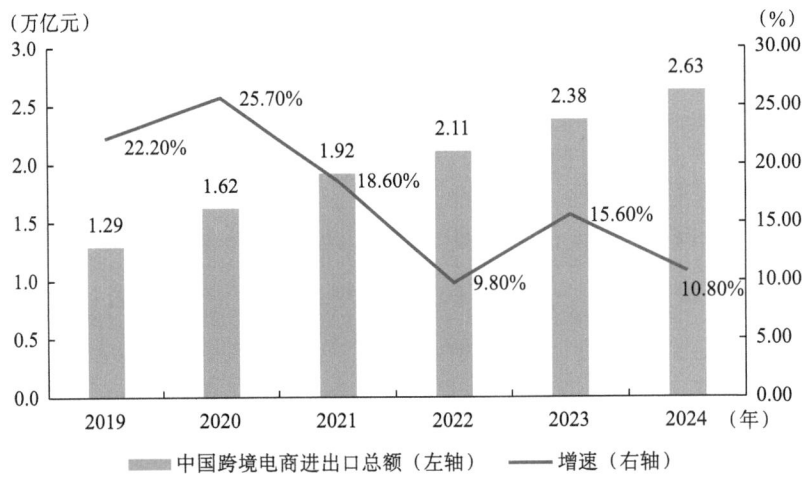

图7-1　2019—2024年中国跨境电子商务进出口情况

2024年前三季度，跨境电商进出口总额为1.88万亿元人民币，同比增长11.5%，其中出口额达到1.48万亿元，增长15.2%。跨境电商进口额主要来自日本、美国和韩国，来自这三个国家的跨境网络零售进口额占我国整体进口额的29.3%。就跨境电商进出口结构和商品分布而言，出口商品中的消费品占比高达97.3%，主要包括服饰鞋包、家居家纺、数码产品及配件等，出口货源地集中在广东、浙江、福建和江苏；进口商品中的消费品占比97%，以美妆洗护、食品生鲜、医药保健品为主，消费地集中在广东、江苏、浙江、上海和北京。就跨境电商区域表现而言，广东、浙江、江苏等沿海省份仍是跨境电商的核心区域。广东2023年跨境电商进出口额占全国比重超过1/3，年均增速达71.4%。从城市角度看，深圳、上海、宁波、广州等城市在跨境电商规模上位居前列，深圳凭借完善的产业链和物流体系保持领先。综合而言，跨境电商极大地推动了我国进出口贸易规模的扩大，在全球价值链重构的大背景下，跨境电商已成为我国出口贸易长远稳定发展的新动力、转型升级的新方式。

另外，中国跨境电商主体也不断增长。商务部数据显示，截至2024年，中国跨境电商主体已超过12万家，独立站数量超20万个，有进出口实绩的企业接近70万家。中小企业仍是跨境电商的主体，但品牌型卖家数量大幅增长。根据亚马逊发布的《2024中国出口跨境电商发展趋势白皮书》，品牌型卖家在过去两年的增长超100%，成为行业核心力量。此外，2024年有5家跨境企业上市，超60个出海品牌完成融资，主要集中在3C、家居、智能领域。

二、海外仓建设

海外仓建设是跨境电商中的一个重要组成部分。截至2024年，海外仓的数量和面积一直呈现显著增长趋势。2024年第一季度，中国已建设海外仓2500多个，总面积超过3000万平方米。其中，浙江省企业在53个国家布局了839个海外仓，占地面积达1210万平方米。

中国海外仓主要分布在北美、欧洲、亚洲等发达国家和地区，其中，美国、英国、德国、日本等地的海外仓数量占比超过80%。此外，东南亚等新兴市场的海外仓数量也在快速增长，2022年底，该地区海外仓数量已达136个。

随着"一带一路"倡议的推进和RCEP的全面生效,东南亚市场成为中国跨境电商的重要增长点。在企业布局上,头部企业扩仓势头迅猛,新仓面积多在30万平方英尺以上,部分美国海外仓甚至当月开仓当月爆仓。物流巨头京东物流计划到2025年底实现全球海外仓面积增长超过100%,顺丰和菜鸟也在积极新建海外仓,进一步提升物流配送效率和服务质量。跨境电商平台Temu、TikTok Shop、阿里海外电商和希音(Shein)等平台在2024年重点布局半托管模式,推动海外仓需求大幅增长。这些平台通过优化供应链管理和服务模式,为卖家提供了更便捷、高效的物流解决方案,同时提升了用户体验和市场竞争力。

三、跨境电商主要平台

2024年,全球跨境电商行业持续蓬勃发展,各平台凭借独特优势,在激烈的市场竞争中脱颖而出,展现出强劲的增长势头与创新活力。

Temu平台以创新的商业模式和精准的市场策略,一跃成为全球下载量最高的购物应用程序。2024年,其全球下载量飙升至5.5亿次,同比增长69%,累计下载量接近9亿次,市场份额从2023年的7%大幅提升至21%,跻身全球第二大电商平台。Temu主打"极致性价比",通过与大量供应商合作,省去中间环节,直接将低价优质的商品送到消费者手中。比如,在电子产品领域,Temu上的智能手表价格比其他平台平均低20%~30%,吸引了众多追求实惠的消费者。

希音(Shein)在海外时尚电商市场独占鳌头,在海外购物类App下载量排名中始终名列前茅,市场份额稳定在9%左右。Shein专注于快时尚,每周推出数千款新品,精准把握年轻消费者追求时尚、多变的需求。其推出的一款复古风格连衣裙,在社交媒体上引发潮流博主推荐,短时间内销量突破10万件。

阿里巴巴国际站则在跨境直播领域引领潮流。自2023年起，每天在线观看跨境直播的海外买家数量同比增长127%，为外贸商家带来的商机增长达156%。跨境直播打破了地域限制，实现了商家与买家的实时互动，有效促进了交易的达成。此外，新兴跨境电商平台也在细分领域崭露头角。例如，专注于宠物用品的平台，提供从宠物食品到宠物玩具、服饰等一站式服务，以专业的产品知识和优质的售后服务，积累了大量忠实用户。

四、主要进出口市场

（一）欧美市场

欧美地区是中国跨境电商的主要市场之一。美国作为全球最大的电商市场之一，eMarketer数据显示，2022年美国电商市场规模达1.04万亿美元，尽管增速有所放缓，但消费者购买力依然很强。欧洲市场同样表现不俗，2023年欧洲电商市场收入达5292亿美元。在美国市场，亚马逊依然是主导平台，但新兴跨境电商平台如Shein和Temu凭借高性价比和创新模式迅速崛起。Shein凭借"小单快反"模式和快速供应链，在美国市场表现突出，2023年其线上销售额接近90亿美元，超越H&M和Zara。Temu则通过极致低价和社交属性，吸引了大量美国中低端消费群体，有望复刻拼多多在中国市场的增长路径。此外，虽然欧美市场消费者对价格敏感度较高，但对个性化、定制化产品的需求也在增长。

（二）东南亚市场

东南亚电商市场在2024年继续保持强劲增长。根据谷歌、淡马锡和贝恩联合发布的《2024年东南亚数字经济报告》，2024年东南亚电商交易额突破1590亿美元，同比增长15%。其中，印度尼西亚是东南亚人口最多的国家，其中产和富裕阶层消费者数量庞大，而且，印度尼西亚政府也对跨境电商持开放态度。2024年马来西亚电商市场总收入达到107.2亿美元,电子产品和时尚服饰是马来西亚电商市场的主要消费品。越南是东南亚电商市场增长最快的国家之一,预计到2025年,其电商市场规模将达到240亿美元,年均增长率超过20%,电子产品、时尚服饰和食品是其主流消费品类。

在跨境电商平台方面,Shopee在东南亚市场占据领先地位,2024年6月其销售额达到11.6亿美元,同比增长84%。Lazada和TikTok Shop也是其主要电商平台,2024年也实现了显著增长。

(三) RCEP区域市场

自RCEP生效以来,跨境电商交易规模持续扩大。2023年,我国对RCEP其他14个成员国的进出口总额达12.6万亿元,比2021年增长5.3%。跨境电商作为新型贸易模式,其占比逐年攀升,有力地推动了整体贸易额的增长。2024年1月至11月,我国与RCEP成员的货物贸易已达12万亿元,同比增长4.4%,跨境电商在其中扮演的角色越发关键。

分地区来看,不同地区与RCEP成员国的跨境电商进出口额的增长态势均较明显。2024年1月至10月,广州南沙口岸跨境电商出口至RCEP国家的出口额达303.6亿元人民币,同比增长9.1倍。福建作为对外贸易的重要省份,2024年1月至11月对RCEP其他成员国的进出口额为6361.2亿元,同比增长4.1%,进出口规模创同期历史新高。其中,出口3654.6亿元,同比增长5.6%;进口2706.6亿元,同比增长2.1%。

从商品类别角度分析,不同品类在跨境电商进出口交易额上也各有表现。凭借成熟的产业链优势,机电产品和劳动密集型产品是主要出口商品。2024年1月至11月,福建省对RCEP其他成员国出口机电产品1355.1亿元,同比增长4.5%,占同期福建省对RCEP其他成员国出口总值的 37.1%；同期，福建省出口劳动密集型产品 943.2 亿元，同比增长 1.7%，占比 25.8%。在进口方面，巨大的国内市场需求使能源产品和金属矿砂成为福建省两大主要进口商品。2024 年 1 月至 11 月，福建省自 RCEP 其他成员国进口的能源产品达 618.6 亿元，同比增长 11.7%，占同期福建省自 RCEP 其他成员国进口总值的 22.9%。

第二节　跨境电商政策和研究热点变迁

一、我国跨境电商政策变迁

海关总署的数据显示，2024 年，中国跨境电商进出口总额达到 2.63 万亿元人民币，同比增长 10.8%，增速明显超过同期中国外贸的整体增速。从 2012 年 12 月 19 日国家设立跨境电商试点城市起，到 2015 年 3 月全国首个跨境电商综试区设立，再到如今跨境电商综试区遍布全国，全面发展，我国跨境电商高速、高质量发展离不开国家一系列的利好政策。表 7-1 列举了 2022—2024 年我国出台的跨境电商相关政策。这一系列举措的主要目标是降低跨境电商企业在出口退运方面的成本，积极支持外贸新业态的发展。同时，延长了申报出口的期限，有助于充分发挥政策效应，进一步稳定企业的预期，推动外贸新业态更快速发展。

表 7-1　2022—2024 年我国出台的跨境电商相关政策

发文时间	发文部门	政策文件（事件）	政策内容
2022 年 1 月	国务院	国务院常务会议	新设 27 个城市和地区为第四批设立跨境电商综试区

续表

发文时间	发文部门	政策文件（事件）	政策内容
2022年9月	商务部	《支持外贸稳定发展若干政策措施》	进一步支持跨境电商海外仓发展的政策措施；统筹利用外经贸发展专项资金等现有资金渠道；优化海关备案流程；提升海外仓的建设运营中出口信用保险的支持力度；优化中欧班列运输管理；加快出台退换货税收政策
2023年2月	财政部等三部门	《关于跨境电子商务出口退运商品税收政策的公告》	降低跨境电商出口退运成本，支持发展新业态
2023年8月	财政部等三部门	《关于延续实施跨境电子商务出口退运商品税收政策的公告》	延长申报出口的期限，有利于充分发挥政策效应，进一步稳定企业预期，推动外贸新业态加快发展
2024年6月	商务部	《关于拓展跨境电商出口推进海外仓建设的意见》	支持跨境电商企业"借展出海"，优化跨境资金结算服务，推动中欧班列沿线海外仓建设，发展"中欧班列+跨境电商"模式，增强物流保障能力
2024年7月	商务部、中国人民银行等四部门	《关于加强商务和金融协同支持跨境贸易高质量发展的意见》	优化跨境支付结算环境，加强金融支持外贸企业，防范跨境贸易风险
2024年12月	海关总署	《海关总署关于进一步促进跨境电商出口发展的公告》	取消出口海外仓业务模式备案要求，简化企业申报流程；推广跨关区退货监管模式，允许退货商品退至原出口监管场所；试点"先查验后装运"模式，优化跨境电商出口拼箱监管，缩短通关时间

资料来源：笔者根据网络公开资料整理。

我国促进跨境电商健康发展的政策可概括为以下六个方面：

第一，设立跨境电商服务试点城市，设立和建设综合试验区。自

2012年首次设立跨境电商服务试点城市以来,截至目前,我国一共设立了132个跨境电商综试区,覆盖了30多个省级行政区,内陆与沿海城市均有涉及,东部和西部城市均有辐射,扩展了跨境电商的发展格局,促进区域协同发展,推动了各地经济增长。

第二,增设海关监管方式代码。新增"跨境贸易电子商务(9610)""保税跨境贸易电子商务(1210)""跨境电子商务企业对企业直接出口(9710)""跨境电子商务出口海外仓(9810)"代码。简化了通关手续,提高了通关效率,而且海关可以更有效地监管跨境电商企业的经营活动,进一步维护市场秩序。此外,代码的设立可以追溯进出口行为,维护市场的公平竞争,充分保证跨境电商的健康发展。

第三,推进跨境支付便利化。扩大贸易外汇收支便利化试点等多项举措,不断消除支付壁垒,进一步简化跨境电商支付的烦琐程序并消除其不确定性,为跨境电商企业和国际供应商之间的交易提供更加便捷、高效和安全的支付环境,有助于促进国际贸易合作,加强不同国家之间的经济联系和交流。

第四,加强跨境运输。通过增强通关便利、加强国际班列运输等举措,缩短物流时效,加快商品运输,提升供应链可控性,进一步拓展了海外市场。

第五,建设海外仓。我国大力支持海外仓的建设,并培育了一批优秀的海外仓企业。海外仓库的建设缩短了交货时间,降低了物流成本,能够提供更灵活的供应链管理,扩大市场份额。

第六,出台优惠税收政策。出台了设立保税区、实行无票免征、出口退运商品税收等政策,进一步降低了跨境电商的成本,并带动了相关产业链的发展,为经济增长注入了新的动力。

二、我国跨境电商研究热点变迁

2012年12月19日,我国跨境贸易电子商务服务试点工作正式启动。2015年3月，全国首个跨境电商综合试验区设立。随着跨境电商的发展，学界关于跨境电商的讨论也日益丰富。梳理跨境电商在学术界的研究特点及其变迁，可以整体把握跨境电商的研究现状。

在CSSCI与北大核心期刊中，以"跨境电商"为主题词进行检索（检索截止日期为2023年12月15日），共得到1815篇文献。为直观展示跨境电商研究热点主题，在对文献信息进行清洗处理后，提取出现频次最高的100个关键词，绘制关键词共现图。如图7-2所示，关键词的大小表示其出现次数的多少，共同出现在同一文献中的关键词之间具有连边，通过聚类算法，将表征相似主题的关键词标注为同一颜色，得到跨境电商在学术界的研究热点主题。

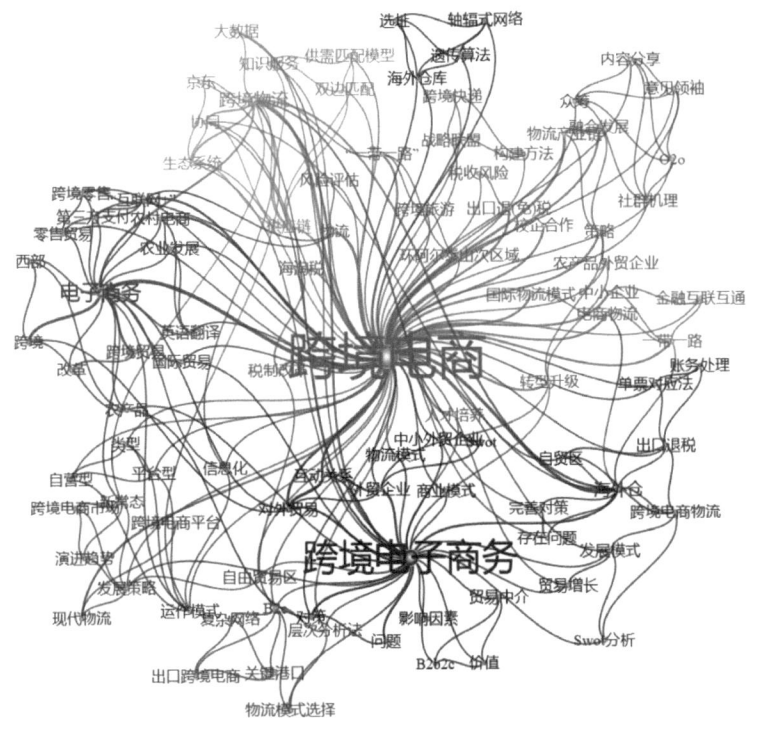

图7-2 跨境电商关键词共现图

从关键词共现图7-2可以看出，跨境电商本身受多方面多维度的影响，因此研究方向多样。围绕跨境电商，主要研究重点为跨境电子商务、跨境物流、海外仓、跨境电商平台等，即研究跨境电商本身的交易流程，并聚焦于国际合作的物流等壁垒问题。研究不仅覆盖B2C电商交易模式、跨境电商发展策略、"互联网+"、互动关系等跨境电商交易环节的关键词，而且包括转型升级、物流产业链、对策、人才培养等企业发展关键词。还有少数研究聚焦于特定产品和特定市场，以及各项政策对跨境电商的影响等。

为更加直观清晰地展示跨境电商研究热点随时间的变化，可将通用关键词"跨境电商""跨境电子商务"过滤，绘制跨境电商研究热点变迁演化图。图7-3显示，跨境电商的学术研究从2014年兴起，研究规模不断扩大，2019—2021年这三年的研究热度最高。从2014年到2023年，每年的研究热点略有不同，但跨境物流、国际贸易一直是研究的重心，并且每年结合经济形势、政策变化等改变着侧重点。2017—2021年连续5年，在跨境电商方面，我们着重研究了"一带一路"倡议的落实对跨境电商的发展，根本意义是扩大了我国对外开放程度，对进出口程序进行了一系列规范。2018年区块链影响因素首次出现，之后逐渐成为研究重点之一，并进一步剖析了跨境电商和全球化的联系。随着科学技术的飞速发展和经济的转型，研究重点也与时俱进，"数字经济""数字贸易""大数据"等关键词的研究纷纷涌现。此外，除了"跨境电商综合试验区""双循环"等现今研究主题，我国跨境电商等研究还聚焦于某一特定产品和行业。例如，2019年以来，农产品的跨境问题受到重视，很多研究都致力于发挥中国农业大国优势，切实解决农产品进出口问题。总之，跨境电商的研究离不开当前的政策支持和开放形势，未来的研究更多的是将跨境电商结合现代科技更系统地发展。

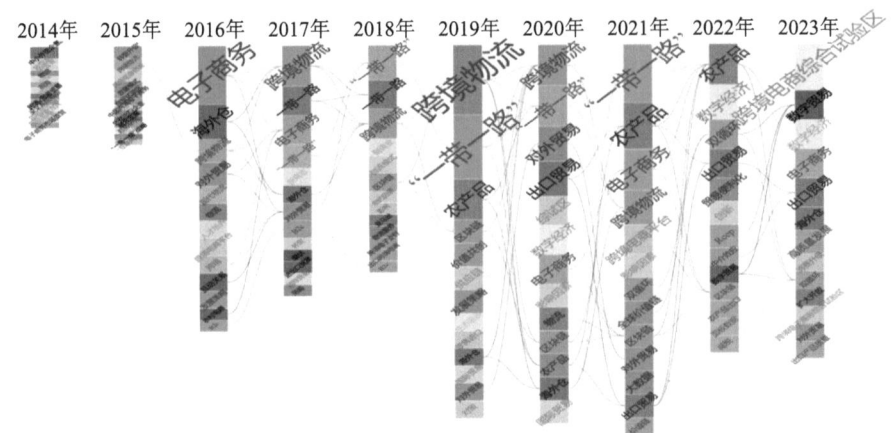

图7-3 跨境电商关键词演化

第三节 跨境电商实践优势

一、优化监管方式，构建新业态

鉴于中国工业的完整性、产业链的稳定性，"中国制造"畅销全球，中国跨境电商发展也领先全球。近年来的产业升级、发展开放型经济，需要我国改革海关监管现有体制，进而优化进出口贸易过程。海关秉持"包容、审慎、创新、协同"的理念，力图创造有序健康的监管环境，为新业态的发展提供支持。2020年，海关总署新增9710（跨境电商B2B出口）和9810贸易方式（跨境电商B2B出口海外仓）。自2020年7月1日起，跨境电商B2B出口监管试点开始在10个海关（包括北京）实施，随后，2020年9月1日，跨境电商B2B出口监管试点扩大至22个直属海关。此前，海关总署已新增了1210和9610模式，使适用于跨境电商进出口监管的海关代码达到4个。我国海关初步搭建了跨境电商的监管体系，不仅规范了相关进出口行为，还提供了便利的清关服务，推动了跨境物流领域的协同效应，为行业的健康发展助力[①]。

2020年，跨境电商9810海外仓监管模式实施后，跨境电商企业出口海外仓的产品报关离境，从实际离境到实现销售、收取外汇，需要半年左右的时间。针对出口业务时间长的难题，南京片区会同市商务部门、片区海关和税务等部门，创新打造了"海外仓离境融"公共服务平台。该平台根据海关提供的货物信息进行风险分析评估，便于企业掌握分析数据，也方便与金融机构对接，大大增加了企业融资机会，助力中小企业成长。此外，通过该平台，海外仓企业贸易融资资金到账期缩短至3个工作日以内，缓解企业资金占用压力，提升资金利用率与周转率。自2021年10月该项目在南京片区成功落地以来，已有9家试点企业通过该项目，成功获得中信银行2940万元的优惠利率贷款。

2023年4月，南京首单跨境电商9810模式的货物在南京空港跨境电商产业园顺利通关。9810代码的引入大大简化了企业货物运输手续，提高了效率，增强了供应链的协同效应。该代码以分类管理为特点，专门面向跨境电商中小微企业，适用于出口碎片化、小批量和高批次的情况，新增了更便捷的申报通道。海关根据代码将对某些特定货物优先查验，减少跨境电商的物流时长，提高企业利润，增强企业竞争力。

9810代码的使用在实操上仍然存在一些问题，但是南京市政府组织开展了多项专题讨论，探讨解决实操问题，与此同时，大力扶持跨境电商服务平台的建设和发展，方便跨境电商规范化、系统化。

---

① 华春革，郭天民. "9710、9810"海关监管新政的溢出效应分析［J］. 商展经济，2023(08)：76-78.

二、扩大朋友圈，深化对外开放

近年来，南京市坚持以高水平开放推动高质量发展，致力于推动"南京制造""南京服务"走向世界、连接全球。南京作为国家全面深化服务贸易创新发展试点和中国服务外包示范城市，积极发展服务外包新模式新业态，持续提升企业专业服务能力，着力促进服务外包向高端环节攀升、向高端领域延伸，推动"南京技术""南京标准"加速"出海"、服务全球。

2022年，南京市共有78家企业获得高新技术企业认定，59家企业获得国际资质认证；全市服务外包企业累计获得CMMI、ISO27001等国际认证700个。2023年初，江苏未迟数字技术有限公司在跨境电商服务领域成功入选省商务厅数字贸易创新案例。

我们以《基于数据智能决策的AdWeb全球站在工业品出海中的全链路解决方案》为例，通过数字化技术实现了平台精准捕捉客户需求，帮助企业调整供给和服务，开展精准营销。该平台通过AdWeb全球站构建用户标签画像体系，助力"中国制造"发现全球潜力市场和受众。2023年9月，南京—圣保罗经贸交流对接会暨南京名品（巴西）推介会在圣保罗市成功举办，充分展示了南京市的投资贸易政策、环境和特色。在推介会上，企业有机会与巴西采购商进行现场洽谈，促进合作。此外，在2023年中国国际服务贸易交易会上，南京企业世和基因展示了领先的肿瘤早筛产品"世和鹰眼"，引起全球瞩目，得到了国外的认可，为"南京制造"赢得了口碑。

目前，南京市拥有5个国家级服务外包示范区、2个省级示范区，企业数量占全市服务外包企业总数的七成，年度外包执行额占比达88.7%。如今，在数字化时代下，跨境电商的发展更应利用互联网进行模式创新，以网络互联全球用户，以数字营销、云服务、云技术等一站式跨境服务平台构筑南京市跨境电商新优势。以网络为载体不断完善跨境贸易服务体系，更能够使传统企业加速向数字化转型。

三、政策支持，持续优化环境

2021年南京市发布《推进2021年对外贸易创新发展的指导意见》，目的是解决贸易过程中企业遇到的一系列问题，包括物流成本过高、贸易双边信息差较大、供应链壁垒较高、出口订货舱难等诸多问题。该指导意见提出要建立外贸年度名录、组建联系小组、召开相关对接交流会，以此来助力企业高效、有序地进行跨境贸易，保障南京市中小企业的贸易正常进行，有效地避免了如订单延期、供应链衔接难等对中小企业造成严重打击的情况，帮助中小企业在构建的摇篮里蓬勃发展。

2022年初，南京市发布《南京市2022年优化营商环境实施方案》，全力塑造营商环境的公平、秩序。通过多维度创新营商环境，南京形成了27个优化营商环境创新应用场景，将对营商的帮助落到实处，助推南京市经济高质量增长。

2022年7月，南京市国际贸易促进委员会发布《区域全面经济伙伴关系协定（RCEP）关税及原产地规则指南》，从实务角度详细阐述RCEP关税减让和原产地规则。该指南帮助进出口企业充分利用RCEP的政策福利，在货物贸易方面更大幅度降低了成本，促进企业"走出去"，开拓国际市场。

2023年初发布的"23条政策举措"指出，我们现在更需要的是跨境电商的创新发展，更好地结合本土的优势，进一步促进跨境电商高质量发展，创新"跨境电商+供应链金融"。鼓励跨境电商企业在境外注册商标，进行国际认证，突破跨境贸易壁垒。

2023年，南京市持续扩大外贸的稳健规模，并不断优化结构，在加强企业精准服务、加速跨境电商发展等方面进行了有针对性的工作。积极推动企业参与广交会、华交会、第二十四届江苏省出口商品（日本·大阪）等展会，并主办了2023年南京—圣保罗经贸交流对接会暨南京名品（巴西）推介会，助力拓展海外市场。同时，启动研究并拟定2024年市场开拓政策和贸易促进计划，支持南京外贸企业参展境外展会、进行商务拜访等活动。成功举办了2023年江苏跨境出海峰会、中国（南京）工业品跨境电商高峰论坛、南京跨境电商高质量发展论坛等活动，积极宣传南京跨境电商环境，促进行业交流，推动模式创新，不断提升我市跨境电商的发展氛围①。

为促进跨境电商迅速发展，在南京市内领跑，各个行政区纷纷制定了一系列优化营商环境的政策，为跨境电商提供更多发展的有利条件。玄武区设立了跨境电商联盟，专注于工业品和消费品这两大核心品类，重点支持中小外贸企业，致力于不断壮大它们的规模。为解决跨境电商发展过程中的困难，玄武区计划首推实施"无票免税和核定征收政策"，同时积极争取税务、海关等相关部门的支持，计划建立跨境电商公共服务平台的三级节点，以实现跨境电商企业在全国通关时的一体化服务申报②。鼓楼区推行《跨境电子商务产业发展行动计划》，包括专项政策发布、电商园区建设、组建跨境电商智库、引进和培养跨境电商领军企业等方面的计划。建邺区商务局积极组织跨境电商专题培训和创业大赛，为外贸企业提供后疫情时代拓展业务的指导，并加强培育跨境电商企业。秦淮区不仅推出了进出口贸易系列培训，还积极建设跨境电商孵化基地，为区内外贸企业提供量身定制的服务，助力它们在海外市场扩展业务③。

接下来，南京市将推进"全球数字服务商计划"，加大对外资项目

---

① 黄琳燕. 扩大高水平对外开放，增强全球市场链接能力［N］. 南京日报，2023－09－23（A03）.

② 玄武区发展改革委. 南京玄武：以实际行动释放"服务业扩大开放"势能［N］. 新华日报，2023－11－06（019）.

③ 朱凯，黄琳燕. 年增千亿！南京外贸靠啥赢下"逆风局"［N］. 南京日报，2022－02－18（A04）.

的保障,尤其是对标志性项目的要素保障,以便吸引更多外企投资进驻,激发开放平台协同效应。经开区、自贸区、综保区等开放平台将成为南京市对外开放创新的主战场。南京市将整合国家级试点,包括推进自贸试验区战略、扩大开放服务业、服务贸易创新发展等,深化研究高标准的国际经贸规则。南京市政府将不断增强制度创新能力,提升市场准入水平,积极构建与国际高标准经贸规则相衔接的制度体系和监管模式,努力打造持续创新的制度型开放新高地。在贸易投资、跨境金融、知识产权、国际商事、生物医药、绿色低碳以及"两业"融合等重点领域,南京市将努力实现项目招引和产业培育方面的突破[1]。

四、持续发展跨境电商产业园、孵化基地

跨境电商产业园,作为国家级跨境电商综试区线上综合服务平台和线下产业园区"两平台"建设要求之一,是跨境电商高质量发展的强有力支撑。南京市积极发展跨境电商平台,目前已有 5 个跨境电商产业园投入使用,建成 21 个公共海外仓,打造了 19 个创业创新孵化基地。各园区为企业发展提供一站式服务,不仅配置了会议室、直播间、路演厅等硬件设施供企业免费使用,还能够提供咨询、代运营、通关、海外仓、供应链等多项软性服务。各跨境电商产业园区进一步通过减免企业租金、提供投资基金等支持跨境电商产业发展。至此,南京市已有约 2000 家从事跨境电商相关业务的企业。

跨境电商产业园各具特色,整合了原有的松散、缺乏规范的跨境业务,帮助跨境企业走向"大、品牌、标准化"。2015 年 6 月获批的南京龙潭跨境贸易电子商务园区重点聚焦保税进口、B2B、保税集货集拼出口,并根据自身港口的地理特点改善物流通关体系。南京龙潭跨境贸易电子商务园区是综合保税区,因此致力于建设合理创新孵化机制、丰富

---

[1] 朱凯,黄琳燕. 深化对外开放 集聚发展动能[N]. 南京日报,2023-09-11(A01).

物流通关功能、健全保障服务体系。2016年6月开始运营的空港跨境电子商务园区重点聚焦于B2C进出口业务，持续不断地引进国内外各大知名电商和国际物流企业。2019年以来，产业园监管点获批成为江苏省跨境物流卡口智能化信息系统试点场所，有效降低了跨境贸易的成本，为中小企业的发展提供了良好的平台，积极构建了各大企业之间的新桥梁。2016年7月成立的智能制造创业园，是江北新区产业体系中的重要枢纽，重点推动传统企业向新型贸易企业转型或者与新型企业融合发展。2020年6月，中国丝路集团与南京江北新区智能制造产业园携手集结江北新区丝路数字贸易创新集聚区、西坝国际枢纽新城、西坝枢纽港、跨境免税店等，将"全球跨境贸易综合服务平台"作为载体，打造跨境数字贸易枢纽港，推动南京江北新区跨境电商的发展。2021年5月开园的八卦洲跨境电商产业园以美妆产业为重点，被授予"南京市跨境电商美妆产业示范园"称号。围绕"互联网+大数据+品牌+外贸渠道"主线，集中力量建设跨境美妆智能集散中心和品牌展示交易中心。为提升跨境电商企业一站式服务质量，八卦洲跨境电商产业园内还设立了"栖霞区跨境电商服务中心""新国货品牌孵化中心"两大服务平台。自开园以来，已有39家企业和10个总代理品牌入驻八卦洲跨境电商产业园，发展势头强劲。2023年9月26日，位于八卦洲跨境电商产业园内的"跨境电商网购保税进口+实体新零售"模式试点项目开仓营业，为南京市首例。

跨境电商产业园区建设能够显著促进区域协调发展，通过制度创新和资源再配置使区域协调发展得到保障。因此，跨境电商产业园区的建设对推动高水平开放型经济新体制的形成有重要意义。目前，南京市正着手建设新产业园区以增加覆盖区域，形成多网络空间节点的空间布局，发挥辐射效应，并且持续出台关于跨境电商园区的规范政策，鼓励各园区结合本土优势和特色进行创新发展。如正在构建跨境电商生态圈的江北新区，虽然有良好的卖家基础、跨境电商平台功能齐全、现代物流体系完整，但是由于缺乏龙头企业的带动，整体创新程度较低，需要进一步挖掘地方优势，整合资源，扩展产业链，实现生态圈。

第四节　跨境电商发展的挑战及对策

在全球贸易竞争形势等因素的冲击下，中国跨境电商的发展还将面对一些挑战，如海外仓建设、国际贸易风险、工业制成品出口份额过低等问题。中国跨境电商必须迎接挑战，积极应对困难，才能不断发展。

一、海外仓建设问题与对策

海外仓的建设存在如下问题。首先，海外仓的运营方式相对单一，导致建设成本较高。自建海外仓存在一些不足之处，需承担较高的建设成本。此外，大规模建设可能带来空置风险，导致企业陷入资金危机。其次，海外仓的配套支撑不足，难以充分发挥功能和作用。一些第三方海外仓的信息化水平较低，缺乏有效的动态联网监控，可能会使企业失去对货物的直接控制权。此外，专业人才匮乏和末端配送受制于人等问题也未得到有效解决。最后，海外仓的本土化服务能力不强。我国与海外仓东道国在政治、经济、文化等方面都存在差异，我们对国外政策、文化和消费者的习惯、语言等了解不足，对商品的预测可能存在误差，导致库存滞销和积压[1][2]。

针对海外仓建设中的问题，本节提出以下建议：

---

[1] 武田丽. 跨境电商背景下我国第三方海外仓发展问题及对策研究[J]. 商场现代化，2023（01）：11-13.

[2] 赵静. 多措并举助推海外仓高质量发展[J]. 国际商务财会，2023（14）：3-4+11.

第一,建立覆盖全球的海外仓网络,采用自建和租赁相结合的方式,优化选址和布局。支持资金充足、经验丰富的电商企业在"一带一路"共建国家建立海外仓,为中国品牌打造通往全球的运输销售渠道。为降低成本、最大化收益,以及控制运营风险,企业可根据市场情况灵活选择自建或租赁海外仓,或采用两种方式相结合,达到多样化服务的目的,从而降低经营成本、增加收益。

第二,加强配套建设,特别是信息化建设。构建完善的动态监控信息体系,对货物进行全程化、信息化的动态管理,优化货物运输、清关、仓储、装卸、配送及退换货环节,实现信息流和物流的无缝对接,使跨境电商物流和库存信息更加透明,降低货物丢失、破损、变质等问题的发生概率。引入自动化、数字化设备,从而提高业务作业效率,降低人工及运营成本。

第三,打造专业化的本土运营团队。提高团队中本土员工的比例,使管理和决策层的国际员工和本土员工匹配,以便更好地了解当地市场的消费者偏好、文化习俗和消费习惯。本土员工对促进跨境电商本土化营销的作用较大,有利于开拓包括线上线下在内的海外销售渠道,也有利于海外主流媒体平台的直播推广,提高消费者黏性。

二、跨境电商中的贸易风险及对策

目前,中国跨境电商处于高速发展阶段,对外贸易带来卓越贡献的同时,也带来了贸易风险的挑战。在跨境电商应用领域,贸易风险主要包括客户信用风险、物流及通关风险、支付风险、知识产权风险等。

第一,由于跨境电商企业不能直接接触海外客户,很难准确判断客户信用度,可能会出现出口方资金风险。第二,物流及通关过程中存在风险。由于跨境电商公司未对运输物品进行充分包装,并实时监控货物状态,可能会出现货物丢失或损坏等情况,给电商企业带来一定的损失。第三,跨境电商业务规模扩大,汇率风险增加。汇率波动可能会对电商企业造成负面影响。第四，线上支付容易产生信用风险。跨境电商支付业务缺乏完备的法律体系，可能会增加支付信用安全风险。第五，跨境电商有时会涉及知识产权问题，中小微企业尤其要注意这类问题。如果企业法律意识薄弱，就可能产生知识产权纠纷[①]。

中国跨境电商企业可通过以下对策增强抵御贸易风险的能力。

第一，加强对海外客户的信用调查，对员工进行反互联网诈骗的培训，深入了解常见欺诈行为，并学习应对之策。

第二，建立全面的物流管理体系，利用大数据和先进技术改善通关、检验检疫、保税仓等风险环节。基于实时更新的物流数据，以适应企业发展模式和产品特点为出发点，打造物流系统。

第三，实时关注市场汇率，提高汇率波动风险意识，可以建立汇率风险管理体系和外汇风险管理制度。

第四，建立完善的监管体系，详细甄别第三方支付平台企业征信，严惩失信行为，建立科学的鉴定机制，预防跨境电商支付风险。

第五，为应对知识产权风险，南京跨境电商企业要提高知识产权保护意识，努力采取措施避免侵权行为，包括加强产品原创性、注册商标和专利保护等。

三、工业制成品出口份额过低问题与对策

近年来，中国跨境电商发展迅速，截至2024年，中国跨境电商进出口总额达到2.63万亿元人民币，同比增长10.8%，增速明显超过同期中国外贸整体增速。然而，跨境电商出口以消费品为主，如服装、家居用品等，而工业制成品如化学品、机械设备等占比较低。这可能由以下原因导致。

---

① 张艺嘉，潘博宇. 跨境电商背景下我国对外贸易风险防范[J]. 安徽电子信息职业技术学院学报，2022，21（02）：107-110.

第一,供应链管理水平有待提高。工业制成品对供应链的柔性和响应速度要求较高,而许多企业缺乏高效的供应链管理体系,这可能会导致企业生产的产品无法满足市场日益增长的差异化需求,进而导致工业制成品出口份额降低。

第二,品牌建设尚显不足。中国工业制成品在国际上缺少知名品牌,即使技术过硬,产品也可能会由于品牌知名度不高而无法通过跨境电商平台获得高附加值,进而使市场份额下降。

第三,中国跨境电商企业对工业制成品海外市场定位不够精准,这是所有跨国企业都要面临的问题,许多企业对海外市场需求了解不多,导致产品定位不准确,难以满足目标市场的需求,进而使工业品出口遇到问题。

中国企业可以通过如下策略解决上述问题。

首先,针对供应链管理水平不高的问题,企业可以通过加大数字化投入,推动工业品供应链的数字化升级,利用大数据和人工智能技术优化柔性制造和物流配送,从而实现产品的差异化,进而拓宽市场。此外,企业还可以建设海外仓的方式,缩短交货周期,提升客户体验。

其次,针对品牌建设不足的问题,企业需要加大品牌建设预算,成立专门的部门进行品牌建设。这需要企业咨询专家的意见,聘请专门的人才去塑造。随着人工智能的发展,企业可以利用AI技术优化商品详情页和市场分析,提高品牌曝光率和消费者的认可度。

最后,针对中国跨境电商企业对工业制成品海外市场定位不精准的问题,企业需要加强对海外市场的研究,了解目标市场的消费习惯和需求,制定精准的市场策略,还可以通过跨境电商平台的数据分析工具,优化产品设计和营销策略,进而扩大市场份额。

综上所述,中国跨境电商具备广阔的发展前景和机遇,中国外贸企业需要不断加强自身的实力,积极创新,敢于迎接挑战,才能最终获得相应的市场份额,打出品牌知名度,实现跨境电商的可持续发展。

第五节　跨境电商典型案例

目前，南京市已建成并正常运营了5个省市级跨境电商产业园，21个省市级公共海外仓投入使用，19个市级跨境电商创业创新孵化基地也在持续发挥作用。依托阿里国际南京站、中国制造网、亚马逊等第三方平台，千余家外贸企业正如火如荼地开展跨境电商业务。这些平台培育了苏豪云商、可康户外、薏凡特等企业，使之成为跨境电商转型的典型代表。同时，本地跨境电商服务企业如焦点、擎天、未迟、慧贸通等也崭露头角，形成了一系列跨境电商的优秀代表。

一、"跨境擎天助"——助力"9610"和"9810"

2023年6月，南京举办了以"擎引未来·贸通全球"为主题的跨境出海论坛。中国擎天软件科技集团旗下企业——江苏擎天助贸科技有限公司（以下简称"擎天助贸"）推出的"跨境擎天助"平台正式上线，支持企业进行直发"9610"一键通关和"9810"出口退税。

为助力跨境商家高效获取物流、报关、提单、舱单及入仓等信息，帮助商家实现快速"一键通关"，"跨境擎天助"运用数字化技术，清晰追溯整个跨境出海流程，并支持多口岸、多种报关模式的申报。此外，该平台的关单与发票的智能匹配功能简化了外贸企业的交易流程，平台以数字化方式进行退税预申报和正式申报，可帮助企业实现"9810一键退税"，使商家能够及时获得信息反馈，提升了出口退税效率。

"跨境擎天助"诞生之前，擎天助贸在线上税务平台方面已做了多年的努力。2002年，全国第一个出口免抵退（生产企业及外贸企业）

电子版审核系统由擎天助贸开发完成。2009年,全国首发江苏省级集中B/S版审核系统。2011年,擎天助贸推出了国内第一款出口企业外销发票开具软件"擎天E票通软件",实现了外销发票自动填写;2015年,成功上线了"智捷2.0",使国内首次实现了无纸化退税,江苏无纸化申报率达到95%以上;2019年,推出了"出口退税在线服务平台",在线办理出口退税全业务,实现了SaaS数字化转型;2021年,成功上线了进出口企业财税数字化应用SaaS平台"天智云",提供关、财、税一站式服务;2023年,跨境商家数字化综合服务平台"跨境擎天助"正式上线。据悉,平台合作企业已超过25家[①]。

二、"苏豪通"——助力"9710"

随着数字经济和平台经济的迅猛发展,外贸行业的数字化转型势在必行,而创新则成为推动发展的不二法门。江苏省属国有企业苏豪纺织集团(以下简称"苏豪纺织")自主研发并上线了"苏豪通9710系统",成功实现了从传统外贸企业向服务企业跨境电商服务商的华丽转身。依托丰富的外贸实践和数字资源,苏豪纺织通过"苏豪通9710系统"提供合规的出海营销推广、社交媒体品牌建设以及数据分析服务,助力企业实现数字化转型,帮助企业迈向全球价值链的更高端。

"苏豪通9710系统"全称为"苏豪通-9710跨境电商B2B通关系统",是一个集成了9710跨境B2B业务的平台,已经成为企业出海营销的独立站。该系统涵盖了企业跨境出海的整个过程,包括基于谷歌SEO标准的企业专属电商平台、协助企业获得跨境电商和平台企业的资质、协助企业通过海关检验并获取专属加密ID等多方面服务。此外,苏豪纺织还整合了一站式数字媒体营销运营服务平台,集结了Google、Meta、Bing等七家主流海外优质媒体资源,实现了多媒体平台账号的统

---

① 周凯航. 南京厚植跨境电商创新发展新沃土[N]. 江苏经济报,2023-10-12(A01).

一协同运营。

截至2023年，超过100家企业接受了"苏豪通9710系统"的服务，其中，15家企业已完成9710通关流程，实现1500万美元的跨境电商出口增长。这一成功经验使苏豪纺织荣获了中国电子商会"贸易数字化推荐合作单位"称号，"苏豪通9710系统"被中国服务贸易协会评选为"2023跨境电商创新案例"[①]。

三、"绿森工业品"——工业品跨境电商赛道新秀

绿森工业品科技（南京）有限公司（以下简称"绿森工业品"）成立于2020年5月。作为南京跨境电商新秀企业，绿森工业品一落地就找准了工业品跨境电商赛道。作为工业品跨境供应链服务平台提供商，绿森工业品主要专注于机电、机械等大型工业品和工业耗材的生产，同时提供工业品跨境供应链服务和关键零部件的定制设计、产线改造等工程技术服务，目标市场主要聚焦在中东、非洲、拉美和中亚等新兴市场。

绿森工业品采用类自营模式，即接到海外订单后向供应商发包报价，然后进行采购、生产和交付，盈利主要来自产品销售利润。自成立以来，绿森工业品业务迅速增长，2023年业务规模已超过千万美元，实现盈亏平衡。目前，绿森工业品平台上已有1万多家国外深度合作客户，与2万多家国内先进制造业供应商保持着长期合作关系。

除了瞄准工业品跨境电商这条新赛道，绿森工业品还紧紧抓住新兴市场的基建需求，拓展新领域。绿森工业品认为，虽然国内生产工业品供应链完整且质优价廉，但过去大多数企业主要从事内贸或传统外贸，缺乏连接国内外供需的平台，难以获得海外中大型企业客户的关注。因

---

① 黄琳燕.南京跨境电商规模全省第一，占比约四成［N］.南京日报，2024-01-03（A02）.

此，绿森工业品就选择成为这个连接的桥梁，通过精准对接供需，重塑了中国传统工业用品的出口渠道，为国内外企业提供了集交易平台、数字化工具和智能化服务于一体的综合数字化供应链解决方案。目前，中东等新兴市场正经历大规模基建和工业化快速发展时期，工业品需求巨大，所以绿森工业品在积极布局建设海外线下服务网络，更好地服务中国制造企业，将产品销售到全球[①]。

2023年10月，绿森工业品宣布完成千万元人民币的天使轮融资。融资后，公司将扩充技术团队，提升数字化和智能化水平，同时将SaaS系统更广泛地向供应商开放。此外，公司还积极在埃塞俄比亚、土耳其设立办事处，并增设埃及、沙特阿拉伯办事处，并与更多海外代理商展开合作。同时，公司还将不断扩充平台的基本单元（Stock Keeping Unit，SKU），将业务拓展到石油、化工冶金等更多行业领域。

---

① 黄琳燕. 南京跨境电商规模全省第一，占比约四成 [N]. 南京日报，2024-01-03（A02）.

第八章
城市数字贸易指数分析

  2018年，欧洲国际政治经济中心（ECIPE）提出了数字贸易限制指数概念。2021年，浙江之江实验室率先提出了数字贸易概念，并制定了数字贸易白皮书。2022年，扬子江数字贸易创新发展研究院开发了数字贸易指数。数字贸易指数是一种衡量城市数字贸易综合发展的经济社会指标，包括贸易数字化基础、贸易数字化应用、数字贸易规模和数字政务环境建设四个一级指标，以及27个二级指标。该指数通过这些指标来评估城市的数字贸易发展情况。

第一节　中国城市数字贸易综合指数测度方法

2023年课题组从四个维度选择了27个具体指标对31个主要城市的数字贸易综合指数进行了测度，所选维度和指标如表8-1所示。在上一年15个城市的基础上，2023年课题组新增加了其余所有省份的省会城市、直辖市和计划单列市，作为本次测度对象。由于数据缺失较多，课题组排除了海口、拉萨、呼和浩特、银川、西宁这5个省会城市，最终测算了32个城市的数字贸易指数。依照上一年的测度方法，基于完全判断矩阵，使用幂法、和法、根法、最小二乘法和特征根法五种方法，分别计算数字贸易指数的各指标权重后，再使用几何加权平均（等权）方法确定各数字贸易指标最终权重。权重测度结果见表8-1。计算所需数据来源于国家统计局、各城市的统计年鉴、各城市的商务局网站、各城市国民经济和社会发展统计公报、中经网数据库、中国第三产业统计年鉴、政府信息公开工作年度报告、人民网等权威数据库。针对个别年份缺失数据的情况，课题组根据具体情况进行了补齐。

表8-1　　　　　　　　数字贸易指标体系构建

维度	指标	分权重	总权重
贸易数字化基础	邮政业务总量	0.300	0.060
	信息传输计算机服务和软件业从业人员数	0.400	0.080
	互联网宽带接入用户数	0.046	0.009
	移动电话普及率	0.041	0.008
	移动电话用户数	0.048	0.010
	固定电话用户数	0.045	0.009
	互联网普及率	0.039	0.008

续表

维度	指标	分权重	总权重
贸易数字化基础	网站数量	0.042	0.008
	域名数量	0.039	0.008
贸易数字化应用	企业拥有网站数	0.100	0.030
	电子商务百强企业	0.300	0.090
	电子商务示范区	0.250	0.075
	跨境电子商务综合试验区	0.250	0.075
	行业注册电子商务平台	0.100	0.030
数字贸易规模	数字游戏	0.065	0.023
	数字旅游	0.070	0.025
	数字广告	0.070	0.025
	数字会展	0.065	0.023
	非银行支付机构处理网上支付金额	0.087	0.030
	数字贸易额	0.250	0.088
	电子商务交易额	0.150	0.053
	软件业务收入	0.090	0.032
	跨境电商网络零售进出口总额	0.150	0.053
政务环境建设	政府公开的信息总条数	0.400	0.060
	政府微博传播力	0.205	0.031
	政府微博服务力	0.200	0.030
	政府微博互动力	0.195	0.029

第二节 中国城市数字贸易综合指数测度结果

数字贸易发轫于数字经济。自2017年我国相继提出推进5G规模化应用、发展工业互联网等举措，推动以数据为生产要素、数字产品和数字服务为核心内容、数字交付为特征的数字贸易持续发展。2021年，

《"十四五"服务贸易发展规划》将"数字贸易"列入服务贸易发展规划。2023年，中国数字经济规模达到53.9万亿元，占国内生产总值的42.8%。其中，数字化服务交易规模达到2.51万亿元，同比增长7.8%；数字服务进出口总额达3710.8亿美元，同比增长3.2%。党的二十大报告明确提出要"发展数字贸易，加快建设贸易强国"。数字贸易是城市贸易发展的新引擎，是各个城市发展的重要目标和方向。

图8-1是2023年中国城市数字贸易综合指数的计算结果。从图8-1中我们可以看到，北京、上海、深圳、成都、广州排在前五位，排名与2022年的测评结果保持一致。其中，北京、上海的得分在0.6以上，处于第一梯队；深圳、成都、广州、杭州、南京的得分在0.4~0.6，处于第二梯队。可以看出，中国城市数字贸易综合指数的整体排序与城市经济发展水平较为接近。和2022年的测评结果不同的是，宁波排名超过了武汉，西安和苏州排名超过了重庆，说明数字贸易在城市之间的竞争在不断加剧。

北京依托全球数字经济标杆城市建设成果，正在积极搭建以"数字贸易港"为重点的贸易平台，推动数字贸易试验区建设，形成了数字贸易发展的"北京经验"，通过搭建综合服务平台，向数字贸易企业提供信息共享、政策咨询、法律咨询、风险预警等服务，鼓励海内外资源的双向对接，引导企业主动参与数字贸易；立足数字贸易试验区、数字贸易园区等区域政策，建设数字经济发展的专用基础设施，实现了5G全区域覆盖；积极探索国际合作，推动数字技术、数字贸易监管、数字贸易规则方面的创新，寻找数据跨境安全流动新路径；加大数字贸易的金融支持；培育大数据、云计算、物联网、高端软件研发、工业互联网、区块链、人工智能等领域的全球标杆企业，提升数字贸易综合竞争力。预计到2025年，北京市全年将完成1500亿美元的数字贸易进出口规模，占全市进出口总额的25%。其中，数字服务贸易将占全市服务贸易的75%。

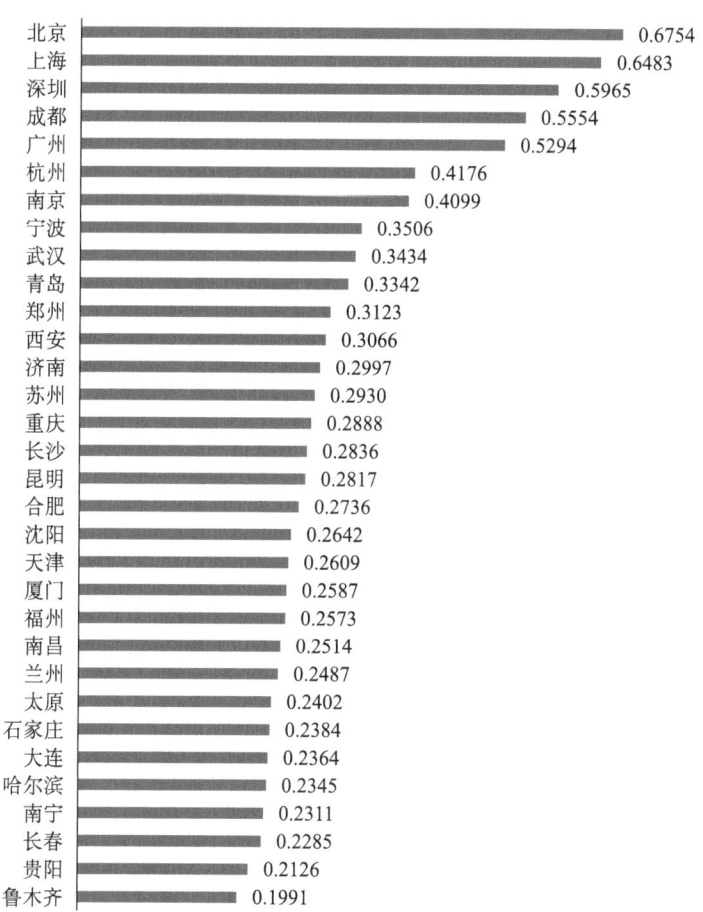

图 8-1 2023 年中国城市数字贸易综合指数

上海是长三角地区经济最活跃、开放程度最高、创新能力最强的城市。上海以促进数字技术与实体经济深度融合为主线，积极推动数字产业化与产业数字化发展，着力打造城市数字产业集群，助力建设数字贸易国际枢纽港。在政府的引导下，企业积极创新数字贸易新模式新业态，促进与金融、教育、运输、旅游、工业等行业的深度融合，积极探索相关领域的数字服务标准；加快培育数字贸易主体，吸引跨国公司地区总部、国际贸易主体、独角兽企业、专业服务机构进驻上海，强化国家数字服务出口基地功能；打造数字贸易发展示范区，提升浦东数字内容示范引领区、静安数字应用和技术示范区、长宁数字服务发展示范区等数字贸易承载区能级，推进徐汇、闵行和杨浦等新兴区域的发展，扩大全区域数字贸易规模；加快对标国际数字贸易规则，试点 RCEP 条例，为全国数字贸易争取新的发展机遇。

近几年，深圳市重点从以下几个方面打造区域内数字贸易，牵头粤港澳大湾区数字贸易的开展。首先，大力开展数字贸易新基建，构筑数字贸易发展支撑体系，大力推进 5G、NB–IOT、IPv6 等网络基础设施建设，提升 IPv6 用户普及率和网络接入覆盖率，提升湾区通信基础互联互通水平和国际通信服务能力。其次，政府积极培育数字贸易主体，支持企业深入开展贸易数据采集、清洗、分析、数据可视化、数据应用等业务，用贸易数据引导贸易产业发展，并鼓励区块链技术在数字贸易、跨境交付、跨境结算等领域的深度应用，提升全市数字贸易便利化程度。最后，深圳市政府还鼓励企业联合高校等社会组织开设数字贸易培训专班，开展数字贸易、跨境电商、知识产权出口等专业培训课程，培养引进数字贸易领域的急需人才，为后续数字贸易的发展提供充足动力。2024 年，深圳市数字贸易进出口总额约 630 亿美元，数字贸易出口额约 315 亿美元。

2023 年，成都的城市数字贸易综合指数排名超过广州，排在第四位，是前五名城市中唯一的内陆城市。成都大力吸引资本、技术、人才和资源，新业态、新技术、新产业不断出现，逐渐形成了以数据驱动为核心、以平台为支撑、以商产融合为主线的数字化、网络化、智能化的发展模式。目前，成都市的数字经济正在全面布局，数字贸易通过几个代表性的园区实现快速发展。高新区的天府软件园是全市数字贸易发展高地，也是国家首批数字服务出口基地，涵盖了软件产品研发、通信技术、IC 设计、数字娱乐、云计算等产业集群。据最新数据统计，2021 年，该园区企业数达 2890 家，电子信息服务出口额 7.28 亿美元，离岸信息技术外包执行额 5.16 亿美元。下一步，成都将推动以该园区为重点的信息技术服务、数字内容服务、离岸服务外包等核心领域创新发展，不断巩固成都数字贸易基础，打造西部数字贸易先行示范区。

广州是一个数字基础雄厚、产业集群效应强、对外开放程度高的城市，聚集了 20 家数字贸易额超亿美元和 147 家超千万美元的龙头企业，在众多数字领域内表现出极强的国际竞争力和国际前瞻性。当然，这与广州科学的政策引导密不可分。2022 年，广州市商务局公布了《广州市支持数字贸易创新发展若干措施》，要求从加强数字新基建、数字贸易公共服务平台建设、市场主体培育、发展特色优势产业、数据安全流动、扩大对外开放等方面推动数字贸易的发展，并提出政府每年提供约 1.5 亿元以鼓励数字贸易企业探索高质量发展模式。依托南沙"离岸易"综合服务平台，广州市正在逐步实现"数字化出海"向"出海数字化"发展，这将进一步助推广州以更大规模、更高质量打造数字贸易新格局。

图 8-2 是 2017—2022 年中国城市数字贸易综合指数年均增长率的计算结果，其中，贵阳的年均增速最高，达到 18% 左右，接下来依次是太原、兰州、南昌、厦门、昆明、石家庄、长沙、福州、哈尔滨、南宁，年均增幅均在 10% 以上。可以看出，这些城市的数字需求大，数字贸易建设成效显著。

2021 年，为抓住国家"东数西算"战略机遇，贵阳大力发展通用算力、智能算力和超算算力，引进培育算力相关企业，打造金融、工业等领域的专属算力产品，为 50 多个国家和地区的超 20 万用户提供云渲染服务算力支撑，成为贵阳开展数字贸易的特色数字产业之一。截至 2022 年底，贵阳已建成中国电信、中国联通、中国移动、腾讯、苹果等 7 个超大型数据中心，投运及在建数据中心达到 18 个，电信、计算机和信息服务进出口同比增长 191.9%。作为全省数字贸易发展的主战

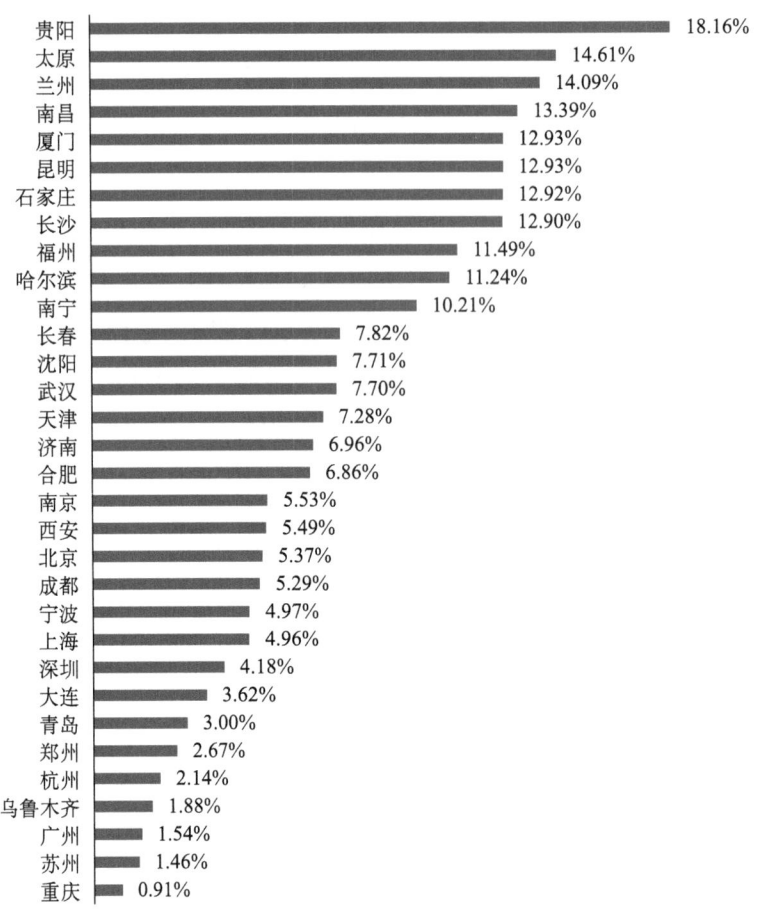

图 8-2　2017—2023 年中国城市数字贸易综合指数年均增长率

场，贵阳凭借算力服务、云服务带动了全市乃至全省数字贸易的高速发展，实现数字经济增速连续 7 年居全国第一。先进的数字技术、众多的数字企业及数字基础设施将加快推进全省数字产业化和产业数字化，成为贵阳经济增长的主要动力之一。

2022 年，太原市上榜了全国数字经济城市发展百强城市，列第 33 位，累计开通 5G 基站 11899 座，5G 建设速度和质量稳居全国第一梯队。太原市数字经济的发展离不开政府强有力的政策支持。根据《太原市推进数字经济全面发展实施方案（2023—2025年）》《太原市推进数字经济全面发展2023年行动计划》，在产业数字化方面，全力支持制造业数字化转型，推动电子商务发展，对新认定的国家级、省级、市级电子商务示范企业给予资金奖励；在数字产业化方面，支持半导体、通信设备、人工智能、计算机等企业的发展，为数字经济赋能，并根据企业年主营业务收入水平给予一次性奖补；在人才建设方面，建立引才任务"发榜"机制，鼓励通过顾问咨询、成果转化等方式吸引专家、院士、为数字太原建设提供智力支撑，同时打造功能突出、资源共享的高技能人才实训基地，推进教育模式和人才培养结构适应数字化、智能化变革需求。

兰州作为古丝绸之路上的重镇，在今天的数字丝绸之路建设中仍然发挥着重要作用。"十四五"期间，兰州抢抓"一带一路"建设机遇，推动与共建国家和地区在大数据、人工智能、5G技术等方面的交流合作，深入推进数字技术和基础设施、贸易、金融、工业、科教文卫等领域的融合发展。2022年，兰州实现跨境电商B2B出口10亿元，同比增长82.26%，目前已有53家企业上线阿里巴巴国际站，57家本地企业上线甘肃e外贸数字贸易平台，利用该平台实现出口2676.8万元。此外，兰州市政府积极培育企业通过搭建跨境电商外贸综合服务平台，为企业提供培训、办证、市场开拓、通关、物流、外汇、金融等集成式供应链服务，开展跨境电商物流服务。

据《2022年江西省数字经济发展白皮书》显示，2022年南昌数字经济规模达到2749.5亿元，位居全省数字经济第一梯队。南昌市数字经济的高速发展，得益于网络保障、企业引领、创新氛围以及政策支持。《2022年南昌市政府工作报告》指出，南昌全市已开通5G基站12350个，重点场所5G网络通达率100%，成功获评全国首批千兆城市，为数字贸易提供了网络保障，助力全市家具、陶瓷、服装、箱包、绿色食品、家用电器等特色优势产业出口零售额增加。2022年1月至8

月，全市跨境电商完成51.86亿元，同比增长14倍。此外，VR、物联网、大数据、云计算、人工智能等数字经济龙头企业纷纷落地南昌，全市数字创新氛围浓厚。

一直以来，工业都是厦门生产总值的重要贡献力量。厦门以技术改造为重要抓手，利用5G、云计算、大数据、区块链、工业互联网等技术赋能传统制造业，鼓励产业数字化发展，持续提升数字基础设施能力，赋能传统贸易实现数字化转型。此外，厦门积极组织开展重点企业人员培训，面向电子信息、机械装备、新材料、消费品行业开设17门课程，培训覆盖企业不少于500家，帮助企业尽快完成数字化转型，增强数字化竞争力，积极开展数字贸易。

第6名至第10名分别是昆明、石家庄、长沙、福州、哈尔滨，第11名至第15名分别是南宁、长春、沈阳、武汉、天津。从图8-2中我们可以看出，数字贸易年均增长率最高的并不是综合指数排名靠前的东部沿海城市，相反，增长率高的是一些数字经济发展得不那么完善、资源不那么丰富的内陆城市，它们呈现出较快的增长速度。这些城市正抓住国家整体战略布局的机遇，部署当地数字经济发展计划，通过数字化运转实现城市的跃升。

第三节　中国城市贸易数字化基础指数

图8-3是参与测评城市的贸易数字化基础指数结果，排在前五的分别是上海、北京、深圳、广州和成都，其中，上海和北京两个城市在得分上相差不大，保持在0.2左右，但是大幅领先其他三个城市，深圳、广州、成都得分大致介于0.1~0.15，其他城市得分均在0.1以下。

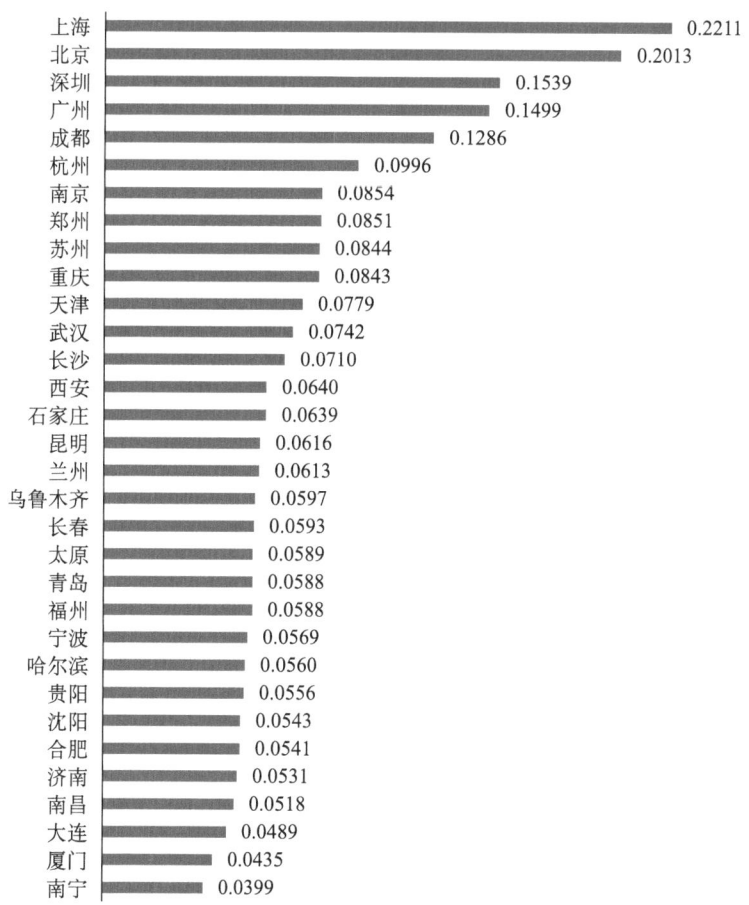

图 8-3　2023 年中国城市贸易数字化基础指数

数字基建是发展数字经济和开展数字贸易的基础。本节中，贸易数字化基础指数包括邮政业务总量、互联网宽带接入用户数、移动电话用户数等主要指标的测评。上海作为中国经济的龙头城市，在该指标的建设方面具有先天优势。2022 年上海共完成 1849.85 亿元的邮政业务总量，信息传输和软件业吸纳就业人员 66.78 万人，互联网宽带接入用户数上千万人，互联网普及率实现 83.58%，移动电话用户数共 4432 万户，固定电话用户数 622 万余户。相较于 2016 年的统计结果，上海移动电话用户数增长迅速，同时固定电话用户数呈下降趋势，这与上海智能手机的快速普及和密集的先进网络建设有密切关系。2022年上海是唯一一个在邮政业务方面突破千亿元的城市，除了具有优越的地理位置之外，上海地区平均消费能力较强，人均快递支出达7453.6元，邮政业务的含金量高。另外，上海具有非常发达的邮政体系。据统计，上海邮政全行业拥有各类营业网点7015处，邮政信筒信箱2554个，快递服务营业网点3102处，国内快递专用货机15架，行业汽车保有量2.3万辆，极大地促进了上海与全国乃至世界各地的业务往来，推动上海数字贸易的发展。

依托活跃的经济建设成果，北京市2022年邮政业务实现281.4亿元，信息和软件服务业从业人数达百万人，互联网宽带接入用户数877万，互联网普及率达86.21%。移动电话用户数和固定电话用户数也呈现出相反的发展趋势。值得注意的是，北京是参与测评城市中唯一一个在信息软件行业突破百万从业人数的城市，软件和信息服务业规模居全国首位。党的十九大以来，北京软件和信息服务业始终保持两位数的稳健增长，产业贡献度不断提高，云计算、大数据、人工智能等新兴领域规模超过千亿元，工业互联网、网络安全、北斗卫星导航与位置服务等领域规模也在不断壮大，拉动全市数字经济发展，同时为全球各国各地区提供信息软件服务。

深圳市2022年邮政业务总量达900.45亿元，信息和软件服务业就业人数超过44万人，较2016年的从业人数实现了成倍增长，互联网宽带接入用户数674万，互联网普及率95%，移动电话用户数2818万户，固定电话用户数371万户。虽然深圳的互联网宽带接入用户数远不及上海，但是其互联网普及率却是全国最高的城市。近年来，深圳高度重视5G发展，坚持资金、人才、资源的高强度投入和高标准建设，是我国首个实现5G独立组网全覆盖的城市。深圳正以"深圳速度"抢占全球5G高地，打造5G网络能效的标杆城市。截至2022年底，深圳建成5G

基站6.4万个，5G基站密度国内第一，覆盖5G用户逾千万户。深圳高度发达的5G网络建设推动全市产业数字化转型，"5G+工业互联网""5G+智慧港口""5G+医疗服务""5G+交通运输"等一批5G产业链正在高速成长，培育了一大批数字贸易企业。

2022年全年广州邮政业务总量897.3亿元，信息和软件服务业从业人数共27.6万人，互联网宽带接入用户数716万，互联网普及率81.4%，移动电话用户3520万，固定电话用户306万。根据公布的全省邮政数据，广州是全省快递业务量最大、业务收入最高的城市。广州作为全国最大的消费品生产基地，拥有600多家专业批发市场，在服装、皮具、化妆品等产业上处于全国领先地位，这使其正蜕变为电商之都。此外，广州地处整个珠三角物流的中心地带，电商巨头在华南地区进行仓库建设首选广州，说明广州能高效率地满足国内和海外市场的需求。2022年，广州市全年实现跨境电商交易额1375.9亿元，已成为一座名副其实的"跨境电商之城"。

成都在2022年邮政业务量达195.3亿元，信息软件服务业从业人数55万，互联网宽带接入用户数1090万，互联网普及率84.9%，移动电话用户数2811万，固定电话用户数617.93万。值得注意的是，相较于2016年37.88%的互联网普及率，2022年互联网已深度融入成都市的日常生活，赋能数字产业化和产业数字化。目前，成都已形成集成电路、新型显示、网络视听、高端软件等具有影响力的特色产业集群。随着成都数字基础设施的不断完善，成都数字经济创新能力不断提升。作为西南内陆的新一线城市，成都吸引了腾讯、阿里巴巴、百度、字节跳动、快手、爱奇艺等国内头部企业进驻，这又将进一步激发成都的数字潜力。成都也将积极探索西南地区的数字贸易新模式，带动片区贸易数字化转型和数字化贸易发展。

杭州、南京、郑州、苏州、重庆依次排在第6名至第10名，得分呈现出递减趋势，这与城市的GDP规模也大致相当。数字经济时代，各个地区都争先利用数字化创造经济红利，不断完善数字基础设施，各具特色的数字经济模式先后落地实施，探索开展以特色数字产业为主的数字贸易。未来，城市空间上可能会出现更密集的以基础设施为先导的地区产业集群，以京津冀、长三角、粤港澳为核心的沿海之"弓"，以成渝、长江中游城市群为核心的长江之"箭"，与连接京津冀、粤港澳的中部之"弦"建立起数字经济的"弓箭型"格局，蓄势待发，助推全国数字贸易再上一个台阶。

第四节　中国城市贸易数字化应用指数

图8-4计算的是2023年中国城市贸易数字化应用指数。从图8-4我们可以看到，前五名分别是上海、北京、深圳、杭州、广州，与2022年相比，排名情况是有变化的。其中，上海、北京两大城市评分相差不大，在0.17左右，但远高于排名第三的深圳，深圳得分在0.12左右。深圳、杭州、广州三个城市的得分相差不大。测算发现，在二级指标中，北京、上海、深圳、杭州、广州等城市的数字贸易平台企业、数字科技服务企业、数字金融企业、数字物流企业、数字营销企业、数字广告企业、数字教育企业等的数量均处于全国领先水平。

移动互联网的不断发展、移动支付方式的日趋成熟以及物流体系的不断完善，使网络购物越来越便利，可选择的商品范围也在不断扩大，网络购物已经成为国内外消费者的主要消费方式之一。

正如前面所说，上海和北京是综合型的数字经济城市，良好的营商环境、便利的交通以及数字企业的集中聚集使这两个城市的数字化贸易蓬勃发展。2023年，上海共有22家企业入选电子商务百强企业，共有电子商务示范区6个，跨境电子商务综合试验区1个。综合试验区

第八章 城市数字贸易指数分析

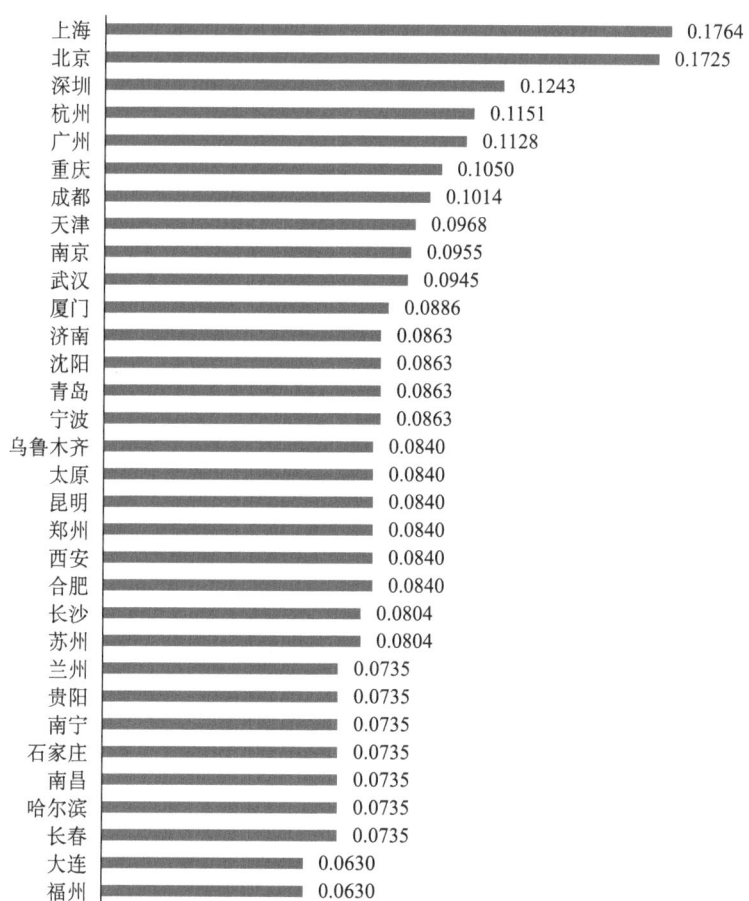

图8-4 2023年中国城市贸易数字化应用指数

内第一批入驻主体具有相对完善的配套基础设施和明确的服务定位，符合园区建设标准，并与上海市跨境电商公共服务平台形成了良好的线上线下对接机制，为园区内企业提供涵盖数字商品备案、数字化物流通关、监管信息共享等一站式综合配套服务。北京市共有34家企业入选电子商务百强企业，拥有3个电子商务示范区和1个跨境电子商务综合试验区。近年来，北京连续出台跨境电商发展支持政策，全面加强对跨境电商平台、海外仓、线下体验店、产业园以及金融、物流等服务体系

·209·

建设的支持力度，带动北京综试区创新发展。基于经济、金融和数字经济优势，北京市在数字金融领域进行了有益的探索，包括发布全国首个金融科技创新发展的指导意见和专项规划、建设全国唯一国家级金融科技创新示范区、金融领域的数字专区等多个方面。

2023年，深圳取代杭州，排在第三名，说明深圳在贸易数字化应用方面取得了重要进步。"跨境电商已成为深圳外贸新业态一块'金字招牌'"。2023年共入选电子商务百强企业13家，建成华南城、星河WORLD、蛇口网谷和福田国际4个国家电子商务示范基地和1个跨境电子商务综合试验区。自2016年设立综试区以来，深圳市跨境电商进出口额从2017年的29.1亿元增长至2023年的1900多亿元，保持年均2.3倍以上的高速增长。近年来，依托数字技术，深圳正大力推进数字创意产业发展，其产业规模和发展水平领先全国。通过设计别具一格的城市IP，深圳将优秀的广府文化和数字技术相结合，深度挖掘传统文化的现实意义；大力发展数字游戏产业、动漫设计、网络视听等行业创新不断，占据国内市场份额的一半以上，不断推动全市数字产业规模的扩大。

杭州是中国电子商务产业的重要发源地之一，被称为"中国电子商务之都"。杭州根据不同区的优势和特色，定位了各区在电子商务产业发展中的不同功能，在电子商务领域结出了累累硕果。2023年杭州市共有9家企业入选电子商务百强榜，建立了3个电子商务示范区和1个跨境电商综合试验区。杭州市商务局数据显示，杭州拥有阿里巴巴、网易等电商头部企业和上市公司20多家，独角兽企业共31家、准独角兽企业142家，全市电商平台115个，在全球市场的年交易额超过8.3万亿元。杭州之所以能处于全国电子商务发展前列，与全新的数字营销模式密不可分。利用数字化技术，杭州的企业借助互联网平台建立了线上店铺，树立了品牌，增加了产品的曝光度，然后通过大数据采集和分析，挖掘用户的需求和行为，提供更个性化、精准的产品服务推送，帮助企业实现更高的转化率和客户满意度。

值得注意的是，广州在 2023 年的测评中跃升至第五名。实际上，在 2022 年极其困难的形势下，广州是唯一实现消费、外贸、外资三大指标正增长的一线城市，其中，电子商务发挥了极其重要的作用。2023 年广州市共有 8 家企业入选电子商务百强榜，建立了 3 个电子商务示范区和 1 个跨境电子商务综合试验区。从规模来看，该市跨境电商进出口额占总外贸额的比重，从 2019 年的 4.4% 提升至 2022 年的 12.6%；从增速来看，网上零售额增速是全国平均水平的 2.2 倍，跨境电商增速更是全国平均水平的 8.7 倍。目前，广州还建成了以南沙为中心的"海陆空铁"立体数字物流系统，开通外贸航线 150 条，通达全球 100 多个国家和地区的 400 多个港口。通过建立数字化物流供应链，网络监测全程可视化，可掌控运输的进度与时效，异常情况及时处理，让企业的生产经营有可靠的决策依据，对承运商也有了评价体系，提升了末端客户的购物体验感，增强了品牌的服务能力。

排在第 6 名至第 10 名的分别是重庆、成都、天津、南京、武汉，接下来依次是厦门、宁波、青岛、沈阳、济南，与 2022 年的测评结果相比，排名出现了较大变动。重庆和武汉两个内陆城市的排名超过了天津和南京，说明这两个城市在政策引导、产业创新、贸易数字化应用等方面取得了显著成果，城市数字经济的综合竞争水平进一步提高。尤其值得注意的是，天津在 2023 年的排名中实现了大幅度跃升。2023 年，天津市深入推进中国（天津）跨境电子商务综合试验区建设，跨境电商进出口额超过 150 亿元，同比增长超过 5%，其中，出口额超过 110 亿元，同比增长超过 15%。同年，当地商务局以高新、红桥、经开三个跨境电商示范园区为载体，建立了跨境电商孵化基地，不断探索产业集聚新优势，增强基础设施配套能力，吸引了 180 余家企业注册落地，新增就业岗位超过 1600 人，总体实现贸易额 20 余亿元。未来，数字技术、数字服务将会在更多的城市得到应用，数字技术、数字服务的应用场景也将更丰富，便民服务水平将大大提升。

第五节 中国城市数字贸易规模指数

图8-5是2023年中国城市数字贸易规模指数测评结果，排在前五名的城市仍然是北京、深圳、上海、广州和成都。北京和深圳的得分明显高于其他城市，保持在0.2以上。上海和广州的水平大致相同，维持在0.14左右，也明显高于成都的0.10。在测算该指标过程中，在反映数字技术贸易的软件业务收入方面，北京、深圳、上海、杭州、南京列于第1位至第5位，均在7000亿元以上。中国（南京）软件谷集聚了200余家软件、云计算类数字服务出口企业，2023年数字服务贸易总额达286亿元，数字服务出口占外贸出口的83.3%。

深圳是数字经济的领头羊，其数字经济产业规模居全国前列，2023年数字经济占地区生产总值逾三成。最新数据显示，2023年深圳跨境电商产业年产值规模已超5000亿元，跨境电商进出口额预计超1800亿元，比2022年新增约1300亿元。按照深圳市《数字贸易高质量发展计划》，到2025年，深圳要实现630亿美元的数字贸易进出口总额，届时数字经济核心产业增加值将超1.2万亿元。近年来，深圳信息技术创新能力不断增强，承担了"新一代人工智能""区块链与金融科技""芯片"等国家重点领域研发项目。同时，数字经济生态和数字贸易营商环境也在不断优化，培育了一批具有核心竞争力的主导企业，调动了中小微企业参与数字贸易，激发了全市数字活力，综合扩大了数字贸易规模和数字贸易地区吸引力。

2018—2023年，北京数字贸易进出口额从4053.2亿元增至4887.3亿元，年均增长4.8%，占全市服务贸易总额的比重从38.1%提升到

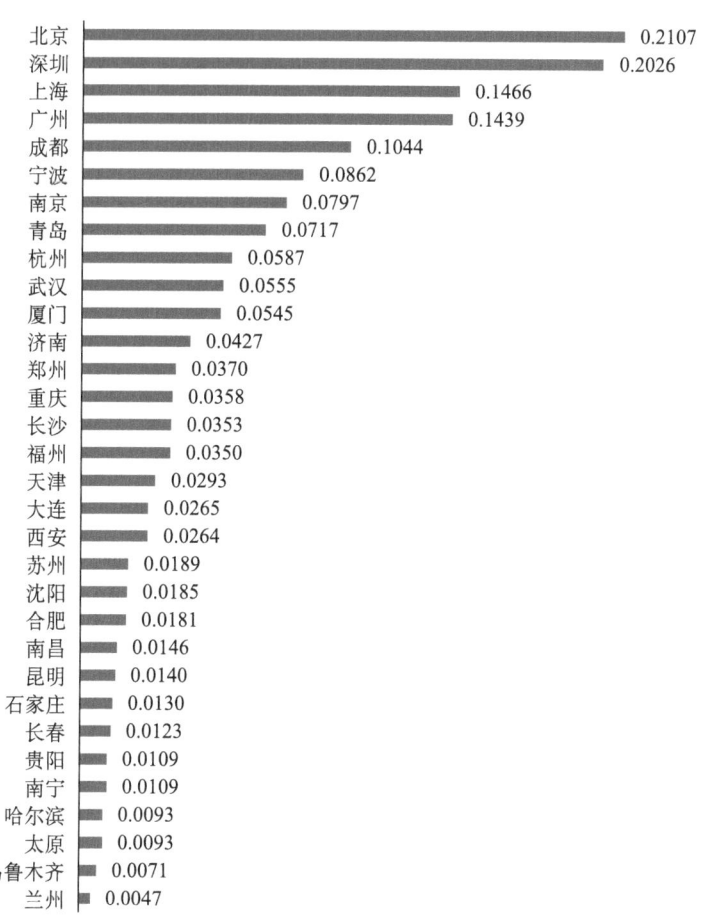

图 8-5　2023 年中国城市数字贸易规模指数

49.3%，占比高出全国（41.9%）7.4 个百分点，数字贸易在服务贸易中的主导地位不断显现。2023 年，北京数字贸易进出口同比增长 8.6%，快于全国 0.8 个百分点，占全国数字贸易进出口总额（25068.5 亿元）的 19.5%。从结构看，2023 年北京数字贸易实现出口 2740.1 亿元，占服务贸易出口总额的 63.4%；数字贸易进口额 2147.1 亿元，占服务贸易进口总额的 38.4%。与全市服务贸易的逆差相反，北京数字贸易呈现出明显的顺差。

上海数字贸易额从 2019 年的 401.3 亿美元提升至 2021 年的 568.8 亿美元。2022 年上半年，上海虽然受到了疫情的影响，但也实现了 289.9 亿美元的数字贸易额，同比增长 9.7%，展现出逆势增长的发展韧性。自 2019 年率先发布首个省级层面的数字贸易发展行动方案以来，上海数字贸易得到了蓬勃发展，云计算数据中心加快全球部署，数字服务企业在数字设计、技术研发、原创数字 IP 等领域持续发力，创建了浦东软件园国家数字服务出口基地等一批国家级基地，加快打造数字贸易国际枢纽港。在上海市遴选的 100 家数字贸易创新企业中，共有 6 家财富 500 强企业、17 家上市公司、10 家独角兽企业和 56 家高新技术企业，拥有专利授权共 3447 项，上述 100 家企业在全球的分支机构有 898 家，覆盖新加坡、日本、法国、东南亚等主要市场。

2023 年，广州市数字贸易额实现进出口 411.23 亿美元，同比增长 20%，近三年平均增长 27.8%，远高于服务贸易和货物贸易的年均增速。近年来，广州积极发展"互联网+服务业"，支持医疗、教育、文旅、金融等领域的企业创新服务和模式，推动线上线下融合发展；支持探索智慧医疗、远程医疗；培育智慧教育在基础教育、高等教育、成人教育等领域的应用，扩大广州在线教育产品的辐射力；推动"5G+智慧文旅"建设，引导云旅游、云直播、云展览等新业态发展；充分利用国家数字服务出口基地，进一步加大对数字游戏、数字动漫、数字音乐等产业的支持力度，支持游戏企业"走出去"。2022 年，广东省数字贸易龙头企业名单中，广州数字贸易代表企业汇丰软件、酷狗、卓志跨境电商、希音、四三九九等 35 家企业入选首批数字贸易龙头企业，占全省龙头企业的三分之一以上。

成都是西南地区的中心城市之一，近年来，正以建设国家数字经济创新发展试验区为契机，通过"数字产业化"和"产业数字化"双向发展，着力打造数字贸易发展新引擎，推动城市经济社会快速实现高质量发展。据商务部不完全统计，2022 年上半年，成都数字贸易进出口额超26亿美元,同比增速超20%;离岸服务外包合同金额14.41亿美元,同比增长27.64%;离岸执行金额12.34亿美元,同比增长11.98%,均保持两位数增长。其中,数字技术应用增加值增幅最大,同比增长8.1%,全市数字经济核心产业增加值的增长贡献率达73.8%。

排在第6名至第10名的分别是宁波、南京、青岛、杭州、武汉,第11名至第15名的是厦门、济南、郑州、重庆、长沙,这些城市的排名与2022年测评结果排名无明显变动。由于各地在经济水平、数字经济发展基础、产业结构、地理条件等方面存在差异,区域间数字贸易发展规模和水平各不相同。在某种程度上,这种差异可以理解为数字经济发展所处的阶段不同。要缩小地区之间数字经济发展差距,全力开展数字贸易,还需结合自身条件,抓住数字经济发展风口,配以科学的政策引导,推动数字经济和数字贸易健康发展。同时,各城市还要坚持系统观念,实现东、中西部地区数字经济发展的有效联动。

第六节　中国城市数字政务环境指数

图8-6是2023年中国城市数字政务环境指数测评结果。从图8-6我们可以看到,成都在数字政务建设方面拔得头筹,实际为0.22左右,第二名的南京和第三名的杭州在0.14附近,接下来依次是西安,0.13、广州0.12,第2名至第5名城市政务数字化建设指数水平相近。

数字政府的建设首先要从民生稳定、经济运行、营商环境、生态环境、城市安全五个维度出发,针对每个维度的细分问题,用数据进行刻画,将分散在各部门的数据汇集到政府公开平台,提高数据透明度,保障市民的合法权益。统计数据显示:2023年成都主动公开政府信息

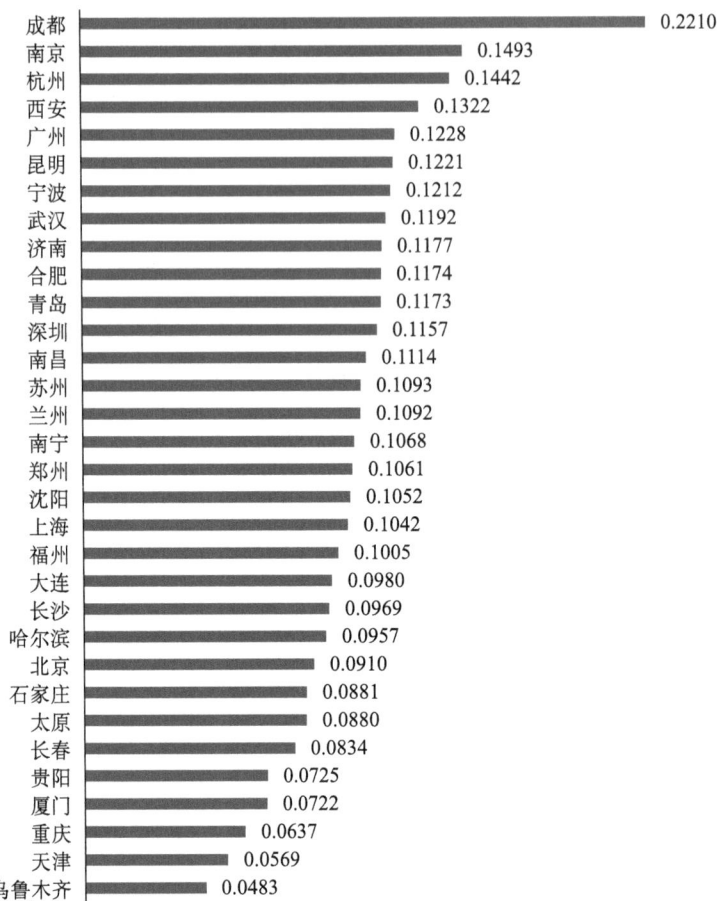

图 8-6　2023 年中国城市数字政务环境指数

2382 条，排名第一。其中，概况信息 52 条，要闻及图片新闻类信息 1337 条，政策信息类 69 条，办事服务类信息 103 条，专题专栏类信息 538 条，价格类信息 162 条，公告公示类信息 19 条，法规公文类信息 59 条，政策解读类信息 11 条，建议提案、资金、人事、互动类等信息 32 条。面对疫情、高温等公共事件，成都还通过微博向社会传递政府的思想，及时为市民答疑解惑。凭借政务微博的传播力、服务力、互动力、认同度，"成都发布"荣获全国十大党政新闻发布微博榜单第一名。

南京市大数据管理局统计,截至2023年,南京12个市区级数据链路已全部打通,市级政务数据共享平台归集了来自国家发展改革委、公安部等7个国家部门,省卫健委、民政厅等5个省级部门,公安局、城管局、人社局等47个市级单位共60家单位提供的数据资源573项,建成人口、公共信用、投资项目、社保和纳税等23个数据共享库,归集数据268亿条,数据累计调用2.1亿次,实现交换89.88亿条,为各部门提供293项高频数据服务。据《2022年度政务微博影响力报告》统计,南京市在微博传播力、服务力和互动力方面的竞争力指数达到81.55的较高水平,居全省第一,打造了"南京发布""南京交警"等一批具有影响力的政务微博。疫情防控期间,南京还通过微网页、电话热线、电子邮箱、私信留言等多个渠道倾听群众声音,收到各类有效建议3000多条。

2023年,杭州市委门户网站主动公开各类信息649条,发布政务微信645条,政务微博1993条,主动公开共同富裕、"双碳"建设、优化营商环境、扩大有效投资、价格管理、区域协调发展等领域的信息。同时,杭州相关部门也在升级政府网站检索、查阅、下载数据文件等模块,优化《杭州市人民政府公报》,2022年该公报共编辑发行13期,刊登各类文件199件,短信推送公报宣传及发布动态信息3.77万条,进一步拓展公报数字化网络化应用,各网络平台公报阅读量达437.35万次。利用数字化技术,聚焦社会热点,各级政府部门通过视频音频、卡通动漫、知识竞赛、现场宣讲、视频直播等方式,提升政策解读的趣味性、政策推送的精准性,主动回应企业和群众"最关心"的事项。

2023年,西安市政府通过门户网站向社会公开信息13897条,其中,新闻动态类信息6301条,"五公开"类信息7596条,包括决策公开、执行公开、管理公开、服务公开和结果公开,信息内容主要围绕财政资金、政府采购、社会保险、住房保障等群众关心的问题。各级部门全年共收到政府信息公开申请11021件,共办结10932件,处理政府信息公开行政复议522件、行政诉讼730件。在2022年政务微博影响力排名中，西安也以第四名的成绩进入城市政务微博竞争力排行榜前100名，充分说明西安在公开化、信息化政府的建设中获得了群众的认可。同样，广州也以较高的微博影响力跻身排行榜前十。广州公安搭建起内外协同、上下联动的公共关系网络，广州微博获评"2022年度广州市政务微博优秀传播力奖""2022年度广州市政务微博优秀互动力奖"。广州在政府网站上公开政府规章9部、行政规范性文件18件，发布市政府重要政务活动新闻通稿147篇、新闻资料51项，并运用图文、视频、音频、媒体报道、发布会等多种形式向公众解读，为公众提供政策引导，提高政策实施力度。

第6名至第10名分别是昆明、宁波、武汉、济南、合肥，第11名至第15名是青岛、深圳、南昌、苏州、兰州，这些城市的政务数字化得分较为接近。数字政府的建立不仅仅是数字技术发展的产物，更是实现社会精准治理、迎接数字化时代、助力实现高质量发展的必要选择。未来，城市之间的赛跑不仅体现在经济方面，政务公开的数字化服务和社会数字化治理的竞争也会日益激烈。目前，多地已经开展政务环境数字化建设和区域性试点，未来将有更多的数据和信息投入运用，政务环境将进一步优化，信息公开也会更充分，群众的获得感和满意度也会进一步提高。

后记

扬子江国际数字贸易创新发展研究院是国内最早研究城市数字贸易发展指数的机构，于2022年、2023年在南京召开的"全球服务贸易大会暨国际数字贸易峰会"上发布了中国城市数字贸易指数的主要内容。会议报告被经济日报、新华日报、中央电视台、江苏电视台、"学习强国"、今日头条、百度等媒体广泛转载。尽管目前业界已推出了数字贸易限制指数、数字贸易竞争力指数、数字服务贸易指数等指标，但是，数字贸易指数，特别是将城市发展与数字贸易指数结合起来的研究依然受到业界高度关注。

扬子江国际数字贸易创新发展研究院执行院长、南京信息工程大学商学院院长邱玉琢教授对本书进行了整体设计并统筹了全书书稿。江苏省生产力学会会长、南京财经大学原副校长乔均教授参与统筹了全书书稿。南京财经大学台德进博士、钱陈硕士参与撰写了本书第一章"数字贸易趋势"；南京信息工程大学商学院周丹博士、李茨硕士、南京财经大学杨颖硕士参与撰写了第二章"数字文旅发展"；南京信息工程大学商学院周丹博士、晁玉硕士参与撰写了第三章"数字广告发展"；南京财经大学陈亭硕士、郑祺硕士、南京信息工程大学商学院蔡娅男硕士参与撰写了第四章"数据资产发展";南京财经大学杜蓉博士、南京信息工程大学商学院周丹博士、蔡娅男硕士参与撰写了第五章"数据跨境流动发展";南京信息工程大学商学院杨芳副教授、周丹博士、邵安彤硕士、张祖凤硕士参与撰写了第六章"自贸区数字化发展";南京信息工程大学商学院李洲副教授、周丹博士、徐馨硕士、何阳硕士参与撰写了第七章"跨境电商发展";南京信息工程大学商学院姜彩楼教授、南京财经大学台德进博士参与撰写了第八章"城市数字贸易指数分析"。

在本书的写作过程中,南京市商务局、南京江北新区、南京财经大学和南京信息工程大学给予了我们大力支持。中国社会科学评价研究院院长荆林博研究员为本书的撰写提出了许多建设性建议,并为本书作序。张志超同志在百忙之中为本书题跋。中国财政经济出版社编辑在出版方面给予了帮助。该书的出版在经费上得到了江苏省社会科学基金重点项目(23GLA001)资助,以及扬子江国际数字贸易创新发展研究院的资助。在此一并表示感谢!

邱玉琢
2025 年 6 月

跋

数字贸易是国际贸易发展的新趋势,也是未来贸易增长的新引擎。扬子江国际数字贸易创新发展研究院是我国最早研究城市数字贸易发展指数的机构,目前他们的研究课题"2024年我国城市数字贸易发展指数(蓝皮书)"即将出版,邀请我写几句话。因为之前我所在的单位是扬子江国际数字贸易创新发展研究院的发起单位之一,我目前的工作部门正在打造江苏数字贸易、数字交易、数据流动的基地,所以就欣然答应了。

从体系内容上看,2024年版的蓝皮书与2022年版的有很大不同。2022年,我国数字贸易刚刚起步,了解数字贸易的人不是很多,所以,那一版的蓝皮书从数字贸易理论、数字贸易内涵、城市数字贸易指数评价等维度进行了系统研究,为人们认识数字贸易提供了理论参考。2023年我国数字贸易、数字资产、数据交易、数据流动等发展迅猛,特别是财政部印发《企业数据资源相关会计处理暂行规定》,国家数据局等17部门联合印发《"数据要素×"三年行动计划(2024—2026年)》后,行业与数字产业结合加快,企业数字资产评估与交易犹如雨后春笋,成长很快。2024年一季度在沪市上市的公司中已经有20多家企业在公司季报中披露了数字资产入表状况。因此 2024 年版的城市数字贸易指数结合行业发展,对数字文旅、数字广告、数字资产、数据跨境流动、跨境电商和自贸区数字化发展进行了综述。本次扬子江国际数字贸易创新发展研究院测量的城市由 2022 年的 15 个增加到 31 个城市,主要包括 4 个直辖市、10 个副省级省会城市以及 17 个主要地级省会城市。

数字贸易作为国际贸易的新趋势,涵盖了数据要素、数字服务、跨境电商等核心领域,数字贸易为我国外贸高质量发展提供了重要支撑。据国家统计局调查,2023 年我国数字贸易规模达到 5 万亿元左右,比 2022 年翻了一番,位列世界第四。全国共有数字经济核心产业企业法人单位 291.6 万个,实现营业收入 48.4 万亿元,占全部二、三产业企业法人单位营业收入的 10.9%。全国共有数字产品制造业企业法人单位 26.2 万个,占数字经济核心产业企业总量的 9%,营业收入 20.5 万亿元,占比为 42.3%。数字技术应用业企业法人单位 143 万个,占比 49%,营业收入 14 万亿元,占比 29%。目前,我国通过应用云计算、物联网、人工智能和工业互联网等数字技术,实现产业转型升级和生产效率提升,数字技术日益成为我国数字经济发展的新亮点。

城市是数字贸易发展的主力军,近年来、各省市都在大力推动数字贸易发展。比如,江苏省南京市在发展规划中明确将加快数字贸易开放试点探索、建设数字贸易先行区或示范区作为重点任务,并在推进数字化转型、跨境电商创新发展、建设高能级数字贸易平台、优化数字贸易发展生态等方面取得积极成效。目前,南京已建成 30 个省市级跨境电商产业园及孵化基地,形成智能制造、户外用品、电动工具、纺织服装四大出口产业带,超 5000 家企业通过亚马逊、阿里国际站等平台开展业务。南京玄武区与上海临港跨境数科合作,重点打造"江苏国际数据港",主要聚焦数据流通、跨境交易和场景应用。南京玄武区还联合科大讯飞、清华大学团队建设了"玄武大模型工厂",同时扶持国机数科,打造国家"农机云",覆盖超 91 万台农机,实现实时调度资源。

放眼中国现代经济环境,数字贸易发展正乘风而起,发展数字贸易对推动我国建设贸易强国具有重大意义。尤其是面对百年未有之大变局和世纪疫情交织叠加,数字贸易显现出了巨大的发展韧性和潜力。农耕时代的日出而作、日落而息,工业时代的黑色金属、机器铁轨等传统记号,都可能逐步演变为数字时代"0"和"1"的代码,一场颠覆性革命即将到来。我们有幸生活在一个能够亲眼见证数据颠覆传统世界的时代,应该以更宽广的胸怀拥抱她。

张志超

2025年2月25日于金陵